그날을 말하다

휘범 엄마 신점자

이 도서의 국립중앙도서관 출판예정도서목록(CIP)은 서지정보유통지원시스템 홈페이지(http://seoji.nl.go.kr)와
국가자료공동목록시스템(http://www.nl.go.kr/kolisnet)에서 이용하실 수 있습니다.
CIP제어번호: CIP2019009511

4·16구술증언록 단원고 2학년 4반 제17권

그날을 말하다

휘범 엄마 신점자

4·16기억저장소 기획 편집
(사) 4·16세월호참사가족협의회 지원 협조

일러두기

1. 음절로 식별 가능한 소리를 들리는 대로 전사하는 것을 원칙으로 한다.

2. 의미를 파악하기 위해 추가 설명이 필요할 경우 [ ]로 표시한다.

3. 몸짓, 어조 등 비언어적 행위는 ( )로 표시한다.

4. 구술자가 말을 잇지 못해 말줄임표를 사용하는 경우 ……, …로 길고 짧음을 표시한다.

5. 비공개 영역은 〈비공개〉로 표시한다.

6. 비공개해야 하는 희생자 형제자매의 이름은 ○○, △△ 등의 도형기호로, 생존자의 이름은 A, B, C 등 알파벳 대문자로 표시한다.

7. 비공개해야 하는 제3자는 직분이나 소속, 성만 공개하고, 이름은 ××로 표시한다. 비공개해야 하는 숫자는 자릿수에 상관없이 □로 표시하며, 지명은 □□로 표시한다.

책머리에

　4·16기억저장소에서는 세월호 참사 5주기를 맞아 구술증언 수집 사업의 결과물 일부를 100권의 책으로 발간하게 되었습니다. 이 사업은 2015년 6월부터 다양한 학문 분야 구술 연구자들의 자발적인 참여로 진행되어 왔으며, 세월호 참사를 좀 더 정확하고 다각적으로 기록하고 기억하고자 하는 노력의 일환으로 수행되었습니다.

　2014년 참사 발생 이후, 참사 피해자들의 목격담과 경험은 안타깝게도 공식적인 국가기관과 언론의 기록 속에서 철저히 소외되거나 왜곡되었습니다. 그것은 세월호 참사가 우리에게 안긴 죽음과 고통의 충격만큼이나 우리 사회의 끔찍한 비극이었습니다. 따라서 사업을 진행하면서 세월호 참사 희생자 가족, 생존자, 생존자 가족, 어민, 잠수사, 활동가, 기자 등등, 참사의 초기 과정을 직접 경험한 분들의 증언을 우선적으로 수집했습니다. 구술자는 이 사업의 취지와 방식에 개인적으로 동의한 분 중에서 선정했으며, 참여 과정에 어떠한 금전적 보상이나 이익이 제공되지 않았습니다. 또한 구술증언 수집 사업을 진행하는 동안, 면담자는 연구자이자 참사를 겪은 공동체 시민으로서 최대한 윤리적이고자 노력했습니다.

구술자마다 매회 약 2시간씩 3회를 원칙으로 음성 녹취와 영상 촬영을 하는 방식으로 진행되었고, 증언의 일관성을 확보하기 위해 면담자는 큰 틀에서 공통 질문지를 사용했습니다. 공통 질문지의 내용은 참사와 구술자 간의 관계성에 따라 차이가 있지만, 유가족 구술의 경우 1회차 '참사 이전의 삶, 팽목항과 진도에서의 경험, 자녀에 대한 기억'을, 2회차 '참사 이후 투쟁과 공동체 활동 경험'을, 3회차 '참사 이후 개인 및 가족이 경험한 삶의 변화와 깨달음, 자녀의 현재적 의미'를 중심으로 했습니다. 이처럼 증언 내용은 참사 이전에서 시작해 참사 발생 당시의 경험과 이후의 변화 과정까지 폭넓게 수집했고, 면담자는 구술 채록 과정에서 구술자의 발화를 최대한 존중하고자 했으며, 무엇보다 각자의 특수한 경험과 다른 시각을 충실히 반영하고자 했습니다.

이 구술증언록의 발간을 위해, 채록된 음성 자료는 문서로 변환해 구술자와 함께 검토했고, 현재 시점에서 공개할 수 있는 영역과 할 수 없는 영역으로 구별했습니다. 따라서 책에 실린 내용은 모두 구술자로부터 공개를 허락받은 부분입니다. 비공개 영역은 추후 구술자의 동의를 받아 적절한 절차를 거쳐 추가로 공개될 수 있으리라 생각합니다.

이 구술증언록 100권에는 그동안 우리 사회에 왜곡되어 알려지거나 잘 알려지지 않았던, 참사 발생 직후 팽목항과 진도 혹은 바다에서의 초기 상황에 관한 중요한 증언이 포함되어 있습니다. 또한, 자녀를 잃는 잔인하고 애통한 상황을 겪으면서도 그 누구보다 강인한 정치적 주체로 성장할 수밖에 없었던 유가족의 마음과 경험을 구체적으로, 그리고 여러 각도에서 살펴볼 수 있습니다. 그 외에도, 이 구술증언록은 2014년을 전후한 한국 사회의 여러 측면을 드러내는 귀중한 자료가 되리라고 생각합니다. 무엇보다 국내외의 많은 분이 이 책을 읽어, 장차 세월호 참사의 진상 규명과 역사 서술에 기여할 수 있기를 바랍니다.

구술증언 수집 사업이 진행되고, 책으로 출간되기까지 많은 분의 도움과 지지가 있었습니다. 이 지면을 빌려 부족하나마 감사의 말씀을 전하고자 합니다.

먼저 (사)4·16세월호참사가족협의회와 4·16기억저장소에 감사를 드립니다. 이분들의 신뢰와 적극적인 협조가 없었다면, 이 사업은 처음부터 시작할 수조차 없었을 것입니다. 또한 어려운 정치 환경 속에서도 사업의 취지에 공감해 재정 지원을 결정해 준 아름다운가게와 역사문제연구소에 감사드립니다. 두 단체 덕분에, 이 사업을 4년 동안 계속해 올 수 있었습니다. 그리고 구술증언록 100권의 발간에 동의하고, 바쁜 일정에도 출판 실무를 기꺼이 맡아주신 한울엠플러스(주)에도 감사를 드립니다. 이 외에도 많은 개인과 단체가 직간접적으로 많은 도움을 주시고 격려해 주셨습니다. 여기에 모두 밝히지 못하는 것을 죄송하게 생각합니다.

　말할 필요도 없이, 가장 크고 또 가슴 아픈 감사는 구술자 한 분한 분께 드리고자 합니다. 이 책이 발간될 수 있었던 것은, 무엇보다 용기를 내어 아픔과 고통의 기억을 다시 떠올리고 장시간 진심으로 이야기를 해주신 구술자가 있었기 때문입니다. 오랜 시간 이야기를 나누며 함께 공감하기도 했지만, 그 아픔과 고통을 어떻게 가늠할 수 있을까 싶습니다. 더 큰 도움이 되지 못함을 안타까워하며, 이 구술증언록 100권의 발간이 피해자분들에게 조금이라도 위로가 될 수 있기를 기원합니다.

2019년 4월

4·16기억저장소 구술팀 책임자
서울대학교 인류학과 교수 이현정

차례

■ 2회차 ■

■ 3회차 ■

휘범 엄마 신점자

구술자 신점자는 단원고 2학년 4반 고 정휘범의 엄마다. 조용히 그림 그리기를 좋아하고 동네 어르신들에게 늘 공손하던 휘범이는 장래 희망이 자동차 디자이너였다. 초기부터 4반 부대표로, 그리고 공방의 팀장으로 꾸준히 활동해 온 엄마는 밤이면 아들과 함께했던 시간을 그리워하며, 사진과 함께 잠이 든다.

신점자의 구술 면담은 2019년 2월 13일, 14일, 15일, 3회에 걸쳐 총 4시간 40분 동안 진행되었다. 면담자는 장원아, 촬영자는 강재성이었다.

구술자 본인의 프라이버시나 제3자의 프라이버시를 보호해야 할 부분을 제외하고는 구술자의 발화를 있는 그대로 전사했다.

1회차

2019년 2월 13일

1
시작 인사말

면담자 　　　본 구술증언은 4·16 사건에 대한 참여자들의 경험과 기억을 기록으로 남김으로써 이후 진상 규명 및 역사 기술에 기여하고자 합니다. 지금부터 신점자 씨의 증언을 시작하겠습니다. 오늘은 2019년 2월 13일이며, 장소는 안산시 단원구 4·16기억교실 교육장입니다. 면담자는 장원아이며, 촬영자는 강재성입니다.

2
구술 참여 동기와 근황

면담자 　　　먼저 첫 번째 질문으로 이 구술증언 사업에 참여하시게 된 동기를 여쭤보려고 하는데요, 어떻게 참여하게 되셨어요?

휘범 엄마 　　　(한숨) 사실 별로 안 하고 싶었었는데 자꾸자꾸 잊어버리더라고요. 기억이 자꾸자꾸 가물가물하고 전혀 생각이 안 나는 게 많이 생겼어요. 그래서 또 주위에서 [4·16]기억교실, 여기 [4·16]기억저장소 분들이 "그러니까 그럴수록 해야 하지 않겠냐" [하고] 좀 저를 설득을 시켰어요. 그래서 사건 난 지, 끝난 지 얼마 되지도 않았는데 벌써 이렇게 잊어버리면, 다음에 더 가다가는 너무 우리 아들에 대한 것이 잊혀질 것 같아서 그래서 해야 되겠다고 생각을 했어요.

면담자   혹시 구술에 참여해 달라는 제안을 전부터 쭉 받으
셨나요?

휘범 엄마   이거 할 때 계속 받았어요, 할 때. 할 때에 [제안을] 받
았는데… 늦게, 마지막으로 들어왔잖아요? 그때는 아까 제가 이야
기한 것처럼 그냥 울기가 싫어서. 그냥 아프니까 당연히 우는 거는
맞고 기뻐도 눈물이 나기도 하긴 하는데, 그냥 아들 생각하면 웃으
면서 이야길 하고 싶다는 생각이 그때는 강했어요. 내가 '사실은 죄
지은 사람 따로 있는데, 내가 왜 자꾸 아들 이야기를 하면서 울어
야 하나?' 그리워서 우는 것은 용서가 되는데, 그냥 자꾸 내가 죄인
이 되는 느낌이 들어서 그냥 안 하고 싶었어요. 그리고 또 감당하
기 힘들 것 같아서, 그래서 내가 피하고 싶었을 것 같아요. 네, 근
데 어제 졸업식에 가기 전에도 저는 '안 울어야지, 안 울어야지' 하
고 갔거든요. '이제 오늘은 웃으면서 보내고 싶다'는 생각을 했는데
그게 마음처럼 좀 안 됐죠.

면담자   그러면 구술증언 기록이 어떤 목적으로 사용되기를
바라세요?

휘범 엄마   음… 제 주위 분들 같은 경우도요, 정확하게 사건이
나고 중간에 어떤 일이 일어났으며 어떻게 해결했다는 거를… 반
도 모를 거예요. 그때는 방송에 정확한 정보[가 없고], 방송에 나온
걸로만 다 믿었고, 그리고 연세 드신 분들 같은 경우는 방송만 믿

으니까. 그런데 우리는 현장에 있었잖아요? 현장에 있었는데, 우리가 그게 이 사회에 어떻게 방송이 되고 있는지 몰랐는데, 나중에 보니까 다 왜곡되게 방송이 되었어요. 근데 그분들이, 이 책이 좀 소소하게 학교라든지 어디 들어가서 모든 사람이 읽고, '아, 정말 이랬구나, 이제 뉴스에 나온 것이 다가 아니었구나, 이게 너무너무 틀렸구나, 이 사람들이 이렇게 살았구나', 또 '아, 이런 일이 다시는, 이런 일이 일어났을 때 나는 이렇게 행동하지 말아야 되겠다' 이런 조그마한 지침서가 되었으면 좋겠어요.

면담자   다음으로는 최근 근황을 먼저 여쭤보려 하는데요. 어제 졸업식 갔다 오셨다고 말씀하셨는데, 혹시 이야기 잠깐 해주실 수 있으세요? 어떠셨어요?

휘범 엄마   저희는 큰애하고 둘째하고 세 살 차이가 나거든요. 그래서 우리 작은애도 이번에 졸업을 했어요. 어, 한 1월 달에 했거든요. 1월 9일 날 했는데… (떨리는 목소리로) 그때도 되게 슬펐거든요, 사실은. 그런데 이제 어제는 그냥… 작은애 때 좀 더 슬펐던 것 같고요. 그냥… 그때는 큰애가 이런 것을 못 했기 때문에 슬펐고, 그리고 작은애가 눈치를 좀 보는 것 같아서 슬펐고, 이제 형은 졸업을 못 했으니까. 그랬는데 어제는, 사실은 저는 그 음악만 나오면 되게 눈물이 나요. 거기에서 틀어줬던 음악만 나오면 눈물이 나는데… 그냥 덤덤하게 그냥 웃으면서 보내주려고 좋은 마음으로 갔어요. 그리고… 좋게 그냥… 좋게 졸업식에 참여하고 왔어요.

면담자   사람들이 많이 왔다고….

휘범 엄마   네, 사람들이… 부모님들은 많이, 생각보다 많이 안
오셨어요. 저희 반 같은 경우는… 세 분인가 안 오셨거든요. 저희
반은 세 분에서 한 다섯 분 사이 정도 안 온 거 같아요. 어제… 저희
반이 28명인데 많이 왔어요, 저희 반이. 그리고 또 엄마, 아빠 오신
분들이 또 안 온 애들 또 자리에 부모님 대신 앉아주시기도 했고요.
근데 다른 반 같은 경우는 많이 안 왔어요. 그리고 저희가 이틀 전
에 총회를 했기 때문에, 졸업하기 전, 졸업 일자 이틀 전에 총회를
했어요. 그래서 저희 반 식구끼리 밥을 먹고 제가 앨범 작업을 했었
거든요, 저희 반. 그래서 '와서 앨범을 받아 가라. 그거 안 받아 가
면 학교로 개인 개인 찾으러 가야 되고, 어느 정도 보관했다가 폐기
처분을 한다는 이야기도 있다. 왜 우리 애기의 추억을 그러냐?' [하
면서] 그래서 전화도 한두 번 했더니, 많이들 나오셨더라고요. 그래
서 어제는… 슬펐지만 또 한편으로는 졸업장을 받을 수 있어서 그
냥, 아무 의미 없다고는 하지만 그래도 좋았어요. 좋았어요.

면담자   졸업식에 정말 마음이 많이 복잡하셨겠어요.

휘범 엄마   되게 머리가 아팠어요, 하루 종일. 뒷머리가 이렇게
참고 참으니까, 저는 그러면 뒷머리가 아프더라고요.

면담자   졸업식 외에도 아마 이걸로 며칠 바쁘셨을 것 같은
데, 그 외에는 다른 활동 같은 것들 최근에 하신 것 있었나요?

휘범 엄마   한두 달 정도는 없었고요. 제가 우리 공방 있잖아요. 가족협의회 공방에서 팀장 맡고 있었거든요.

면담자   아, 어떤 팀장 맡고 계셨죠?

휘범 엄마   예전에는 냅킨아트 맡고 있었고요, 이번에는 원예팀장 맡았거든요. 지금은 이제 수업이 12월 말로 작년 게 끝나고요. 2월 18일부터 올해 2019년도 새로운 수업이 시작되어요. 그래서 그때부터 또 활동을 할 것 같아요.

면담자   제가 공방 구술도 들어갔었는데, 혹시 원예팀장이시면 강의도 나가고 이러지 않으세요?

휘범 엄마   저 강의 나갈 때는 냅킨아트 나갔어요. 근데 지금은 냅킨아트가 수업이 없어졌어요, 자격증까지만 따고. 수업도 나가고 우리 공방 선생님한테 배우고 그랬는데, 작년 사업에는 냅킨이 빠지고 원예가 들어갔어요.

면담자   아, 그렇군요. 거의 모든 것을 뚝딱뚝딱 만드시더라고요.

휘범 엄마   네, 엄마들이 완전히 공장 돌리는 것보다 잘하세요 (웃음).

면담자   (웃음) 그런 이야기도 이따가 나중에 해주시면 좋을 것 같아요.

3
안산 이주와 가족, 직장생활

면담자   4·16 이전의 삶에 대해서 여쭤보려고 하는데요, 태어나신 곳이 전남 고흥이시라고요? (휘범 엄마 : 네) 쭉 거기서 사셨어요?

휘범 엄마   네. 거기서 고등학교까지 졸업하고, 그리고 이제 미련이 있어서 공부하려고 안산에 올라왔었어요. 우리 큰언니하고 큰오빠가 안산에 사셨거든요, 결혼하서 가지고. 근데 이제 대부분 큰 사람들한테 막내를 따라 올려 보내잖아요. 근데 제가 막내였거든요. 그래서 이제 공부하러 왔는데 저희 형부가 저를 살살 좀 꼬셨어요. 그때 당시로는 인터넷도 안 되던 시기였고 저희가 20살쯤에는 아래아 한글, 뭐 엠에스-도스(MS-DOS) [같은 프로그램 쓰던] 이 때였거든요.

면담자   93년경인가요?

휘범 엄마   92년도, 92년 초, 91년 말에 올라왔거든요. "컴퓨터 자격증을 따"고 하셔가지고 "그래도 취직하는 게 낫지 않겠냐?"고 그래서 학원 다녀서 자격증을 좀 따고, 컴퓨터 학원에서 소개시켜 주는 회사 알바로 들어갔다가 회사생활을 했어요.

면담자   다른 가족분들은 계속 고향에 사세요?

휘범 엄마   지금이요? 지금은 엄마 계시고, 그다음에 바로 옆 동네에 작은오빠하고 올케언니가 살아요.

면담자   형제자매가 많으신가 봐요.

휘범 엄마   우리 6남매예요. 많아요. 그리고 또 저 바로 위의 언니는 저보다 더 [세월호 관련한] 활동을 열심히 했어요, 부산에서.

면담자   부산에서?

휘범 엄마   정확히 양산에 사시는데, 부산에 살다가 양산에 이사를 갔는데, 부산이고 양산이고 [탄핵] 환영 촛불이고 [다 찾아다니고], 그다음에 지금도 팽목 순례길도 한 달에 한 번 계속 다니고, 광주 상주 모임이랑 계속 다니고, 그리고 여기 서울에 박근혜 탄핵할 때, 탄핵 집회할 때도 매번은 못 올라왔지만 계속 올라오고, 되게 열심히 해요, 바로 위 우리 언니가.

면담자   그러셨구나. 그러면 안산에서 취직하신 후에 이제 남편분을 만나게 되신 건가요? (휘범 엄마 : 네) 어떻게 만나셨어요?

휘범 엄마   저희 회사에 제가 영업관리였거든요. 영업관리였는데, 저희 영업관리에 계신 위의 상사분이 자기 남동생을 소개시켜 줬어요. 우리 회사는 아니[었]고요, 그분은. 그분도 안산에서 계셨고요. 그래서 소개시켜 줘 가지고 만나서, 한 2년 만나다 결혼한 것 같아요.

면담자   그러셨군요. 그러면 아버님은 안산 분이신 거예요?

휘범 엄마   아빠도 전남 함평이에요. [휘범] 아빠도 거기서 대학교 졸업하고 이쪽에 취직을 와서, 그래서 여기에 혼자 자취하고 있었어요.

면담자 　　　네, 그러면 결혼하면서 일은 그만두셨어요, 아니면 계속하셨나요?

휘범 엄마 　　　결혼하고는 그만뒀고요. 우리 큰애 휘범이 초등학교 4학년 때? 4학년 때였던 것 같아요, 그때 이 일을 시작을 했어요. 취직을 간단하게… 누가 해보지 않겠냐고도 했고, 저도 '그냥 한번 해볼까' 하고 그때부터 시작했던 것 같아요.

면담자 　　　그때 시작한 일을 지금도 계속하시는 건가요?

휘범 엄마 　　　네, 지금도 하고 있어요.

면담자 　　　그렇군요. 어떤 일인지 여쭤봐도 되나요?

휘범 엄마 　　　'아모레 화장품' 방판[방문판매]이에요. '헤라'나 '설화수' [판매]하는 건데, 그때는 우리 애들 초등학교 때는 급식비를 냈거든요. 요즘에는 초등학교, 중학교가 급식이 무료잖아요. 근데 저희 큰애 때는 학교에서 급식비를 내고, 방과후를 하면 방과후비도 내고, 우윳값도 다 내고 먹었거든요. 근데 저희 애 아빠가 하는 가게가 그때는 자리를 그렇게 확 잡지를 못했었어요. 그리고 인테리어 사업이 좀 비수기가 있기 때문에, 장마철이라든지 이럴 때는 잘 안 되잖아요? 그래서 비수기가 있어서, 그냥 막연하게 '어, 내가 나가면 우리 애들…' 내년[그다음 해]에 작은애는 1학년, 큰애는 4학년

휘범 엄마 신점자

이랬던 것 같아요. (면담자 : 초등학교에?) 네, 그래서 급식비가 둘이 다 나오면 급식비하고, 내 생각에 급식비하고 우윳값하고, 그다음에 우리 큰아들, 작은애가 방과 후에 컴퓨터를 배우고 싶다고 하더라고요. 그래서 '그 돈만 가서 벌자. 그리고 조금 여유 된다면, 서민이니까… 조금 여유가 된다면 우리 애들 치킨 한 마리 더 사주면 좋겠다' 하는 마음으로 큰돈 안 바라고 그냥 들어갔거든요.

근데 생각보다 그렇게 마음먹고 갔는데 더 많이 벌더라고요, 처음에 갔는데. 그래서 좀 욕심도 생기잖아요. 그래서 반찬값 정도 돈 더 벌겠다 싶어서, 처음에는 그렇게 일을 시작한 것 같아요. 우리 아들에게 그냥 좀 더 '생활비에서 못 해줬던 걸 내가 벌어서 풍족하게 해주고 싶다'. 그리고 그런 거 있잖아요? 내가 벌어서 내가 하면 뿌듯할 것 같다는 느낌. 그리고 하루에 출근은 20분에서 30분 밖에 시간이 소요가 안 되는데, 내가 인제 영업은 다녀야 되잖아요? 그래도 제가 주위에 아는 사람이 좀 많았어요. 우리 휘범이 학교 활동할 때 제가 학교에 또 엄마들이랑 어울려서 모임도 같이 했고요. 그래서 아는 사람이 많았고, 그분들도 저를 많이 이용해 주셨어요.

면담자   일이 잘 맞으셨나 봐요.

휘범 엄마   제가 영업이 좀 맞는 것 같아요. 영업이나 이야기하고 수다 떨고 하는 걸 좀 잘하고 좀 좋아해요. 성향이 맞았던 것 같아요. 그래서 재미있었어요.

면담자   가족 일이랑 집안일이랑 병행하면서 힘드신 점은 없
으셨나요?

휘범 엄마   전혀 안 힘들었어요. 그리고 중간에 부업도 좀 했었
어요. 친한 엄마가 부업, 그 '오야지'라고 하잖아요, 오야지를 표준
어로 뭐라 그래요? 대빵, 대장이라고 그러나? 부업 가지고 오면 (면
담자 : 아, 나눠주는?) 네, 그분이 친한 옆 동의 친구였는데, 놀러를
갔는데 하더라고요. 그래서 조금조금씩은 했어요. 조금조금씩은
했는데 '그건 아니다' 싶었어요. 몸 버리고 집안이 엉망이 되고 애
들한테 자꾸 "빨리 숙제해라, 빨리 먹어라" 이렇게 자꾸 윽박지르
게 되더라고요, 저는 일을 하고 있고. 그래서 '이거 안 되겠다' 싶어
서 좀 하다가 치웠죠. 그건 아니다 싶더라고요. 옆집 사람이랑 경
쟁이 돼요, 많이 하고 싶어서. 그리고 애들을 방치하게 되더라고
요. 그래서 월급 받았다고 사줘 버리고 이러니까 애들한테는 더 안
좋은 것 같더라고요. 그래서 치웠죠.

면담자   회사일 하면서도 아이들이 말썽부리지 않고 잘 따라
줬나 봐요.

휘범 엄마   되게 착했어요. 다 엄마들이 와서 "자기 애는 착하
고", 다 뭐 솔직히 다 그러잖아요? 그런데 열 번 착하다가도 한 번
말썽 피우고 한 적은 있어요. 말썽 안 피운 애들이 어디 있어요? 근
데 성향 자체가 우리 휘범이는 굉장히 착했고요, 둘째는 좀 더 개
구졌어요.

면담자　　　둘째는 이름이 뭐예요?

휘범 엄마　　○○이. 근데 개구졌는데, [휘범이는] 엄마가 하기 싫어하고 엄마가 힘들어하는 거를 되게… 엄마가 하기 싫은 것을 하는 거라든지, 엄마가 좀 힘들어하는 거를 되게 싫어했어요. 우리 휘범이 같은 경우는 좀… 그러니까 여성스러웠거든요. 그리고 밖에 나가서 하는 거 별로 안 좋아했고, 집에서 그림 그리고 책 보고, 컴퓨터게임하고. 그런데 저는 그런 게 마음에 안 들었거든요. 남자애니까 밖에 나가서 좀 놀고…… . 근데 태어난 것 성향 자체가 그런 것은 어쩔 수 없더라고요. 태권도 학원도 보냈거든요, 1학년 때부터. 근데 격파하는 것을 가서 봤더니(한숨) '이렇게 하는 애를 노란 띠 주고 빨간 띠 주는구나' 이런 생각이 솔직히 들었어요.

면담자　　　(웃음) 뭔가 직장일 하면서 많이 바쁘셨을 텐데 그 외에도 하시는 일이 있었어요? 예를 들어 교회 같은 것 나가셨나요?

휘범 엄마　　아니요. 잠깐… 교회는 안 다녔고요, 학교에 임원, 반 대표 같은 건 조금씩 했고요. 그리고 반 대표를 하다가 엄마들이랑 만나게 되면 그것이 영업의 연장이에요, 또. 내가 말을 안 해도 누가 옆에서 뭐, 한 사람이 말을 꺼내면 그게 또 영업의 연장이 되더라고요. 가서 먼저 말하거나 그러지는 않았는데 가는 데마다 영업이 되진 않았고, 인제 우연찮게 알게 되면 "나 그거 하나 줘라" 뭐 이런 식으로 해서 많이 소문이 나서 그렇게 영업을 했죠 뭐. 그리고 샘플도 돌리려고 그때 당시에는 열심히 하려고 처음에는, 작업해 가지고 도로에 다니면서 가게에 돌아다니면서 드리곤 했어요.

면담자   그분들과 4·16 이후에도 [계속 연락을 주고받으시나요]?

휘범 엄마   아니요. 한 100명이었다면 10명 정도는 지금도… 10
명도 안 될 거예요, 사실. 10명 정도 만나기는 해요.

면담자   계속 연락을 주고받는 분이요?

휘범 엄마   네. 근데 10명도 안 돼요. 이제, 그분들은 너무 친했
기 때문에, 제가 너무 아파하니까 처음에는 연락을 안 했고요. 그
리고 우리 휘범이랑 연배가 또래[이거]나 1살이 많거나 1살이 어리
거나 거의 비슷비슷한 애였기 때문에, 엄마들이, 그 언니들이 너무
아파했어요. 그래서 저한테 전화를 한다는 것 자체가 '감히……' 이
렇게 해서 연락을 못 했고, 그리고 고객들도 이제 다 연결 연결되
었기 때문에 그분들도 연락을 못 하더라고요. 미안해하고… 그때
뭐 한 2년 정도는 저도 사무실을 안 갔거든요.

　사무실을 안 가고 저희 본사에서… 큰 회사라서 틀리더라고요,
거기 우리 회장님 말고 부회장님이 찾아오셨어요, 우리 사무실로.
그래 가지고 저를 잠깐 보고 싶다고. (면담자 : 아모레?) 아모레 서경
배 회장님 바로 밑에 분이 오셨어요. 그래서 "언제든지 하고 싶으
면, 쉬고 싶을 때까지 있다가 언제든지 하고 싶을 때 다시 나와라"
하고 저희 특약점 사장님한테 [말해서] 배려를 해주셨어요. "이분은
언제든지 나와도…" [제가] 많이 팔지는 않았거든요. 그런데 "언제
든지 치유가 [되고] 회복이 되고 하면 받아주라고, 정직처리 하지

마라"고. 그리고 소정의, 저희 회사에서 나오는 홍삼도 갖다주시면서 "이거 먹고 힘내시라"고, 저희 [회사] 통틀어서 카운슬러 두 분이 세월호로 아픔이 있더라고요.

면담자　　　아, 어머님 말고도 또 다른 분이?

휘범 엄마　　네. 우리 사무실에 있다가 두 개로 나누어져 간 곳이 있었어요, 안산인데 그 언니하고 둘이. 그래 가지고 또 회사 직원 자기네들끼리 모금을 해가지고 또… 좀 많이 주시기도 하고요, 장례식장에도 굉장히 많이 혜택을 많이 받았어요.

면담자　　　다른 분은 잘 아는 분이세요?

휘범 엄마　　네.

면담자　　　지금도 만나시는 거예요?

휘범 엄마　　만나지는 않고요. 어제 왔더라고요, 5반이에요.

면담자　　　그렇군요, 네.

휘범 엄마　　근데 알아요. 알고 우리 사무실도 같이 다녔고 중학교 2학년 때 저희 휘범이랑 같은 반이었어요, 그 언니네 아들이. 건우예요, 건우. 5반의 작은 건우, 큰 건우 말고 작은 건우.

면담자   4·16 이전에 평일 하루의 일상을, 아침에 눈 떴을 때부터 밤에 주무실 때까지 한번 쭉 말씀해 주실 수 있으세요?

휘범 엄마   그때 우리 휘범이, 4·16 전이니까요, 휘범이가 그때 당시로는 저희 아들이 학교 다닐 때는 9시 등교가 아니었어요. 우리 애가 2014년도에는 9시 등교가 아니었어요. 그래서 휘범이가 6시 30분에 일어나요. 10분인지, 30분인지, 30분에 일어났던 것 같아요. 일어나서 휘범이가 씻어요. 씻으면 저는 이제 밥을 차리죠. 아침은 꼭 먹고 갔어요. 밥을 안 먹으면 안 되는, 그리고 국물이 꼭 있어야 하는 스타일이었고요. 국을 좀 좋아했어요, 찌개나 국물. 그래서 저녁에 조금 여유 있게 끓이죠. 그러면 아침에는 사실은 조금만 먹고 가잖아요. 자기가 씻으러 갔는데 내가 누워 있으면, "엄마, 밥 차리셔야죠" 이러고 깨웠어요. 그래서 둘째는 밥 먹기 정말 싫은데 어쩔 수 없이 먹었어요. 그래서 오롯이 밥을 먹은 게 아빠랑 큰아들, 작은아들 아침에 셋이 앉아서 밥을 먹었어요.

면담자   어머님은 안 드셨어요?

휘범 엄마   저는 잘 안 먹었어요.

면담자   차려주기만?

휘범 엄마   네. 저는 잘 안 먹었고, 바쁜 시간이잖아요, 아침에는. 그래서 푸닥푸닥 이렇게 하고 물 갖다주고 "빨리빨리 먹어", "둘째, 빨리 일어나서 밥 먹어" 이런 거 하고요. 애들이 남긴 게 있어요, 먹다 보면. 그러면 저는 그거 나중에 보내고 나면 그거 먹거든요. 그리고 나면 휘범이는 아빠랑 같이 출근을[등교를] 했어요. 아빠가 가는 길에 태워다 줬죠, 단원고등학교를. 단원고등학교를 태워다 주고. 그리고 인제 둘째 학교 보내고, 그리고 이제 저도 부랴부랴 준비를 해서 사무실에 갔다 오고. 사무실 갔다 오고 나면, 사무실 직원들이랑 아침 조회 끝나면 커피도 마시기도 하고 또 밥을 먹기도 하고, 아니면 그렇지 않으면 집에 와서 청소하고, 뭐 세탁기 돌리고. 그리고 이제 동네 동생이라든지 동네 언니들이 있잖아요? 그 언니들이랑 또 놀아요. 놀면서 또 영업도 하고 뭐 그러기도 하고, 오후 되면 저녁 준비하고.

우리 아들이, 휘범이가 학원 가는 날은 집을 잠깐 왔다 갔어요. 집에다 가방을 내려놓고 그리고 한 30분쯤, 빨리 가[려면] 거기서 바로 가면 더 가까운데 가방을, 휘범이는 책을… 제가 지금 생각해도 휘범이한테 제일 미안한 게 가방에다가 책을 가지고 다니라고 했어요. "학생이 책을 안 갖고 다니는 애들이 어디 있냐?"고. 근데 요즘 애들은 사물함에 다 놓고 다니더라고요. 그런데 휘범이는 책을 가지고 다녔어요. 그리고 가방 놓고 집에서 30분 정도 쉬었다가 미술학원 갔죠. 그리고 오면 집에 딱 들어오면 10시 15분에서 30분 사이에요.

면담자   밤에요?

휘범 엄마   네. 거의 [10시] 30분 되었던 것 같아요. 조금 빠르면 23분? 뭐. 그리고 와서 밥 차려요, 제가. 그러면 휘범이가 그 밥 먹고…. 저녁밥이 늦었죠.

면담자   밤 10시 반에 저녁을. 그 전에는 저녁 안 먹고요?

휘범 엄마   저녁 안 먹고 가고.

면담자   아, 중간에 뭔가 먹었겠죠(웃음).

휘범 엄마   저희가 밥이 좀 늦어요. 애 아빠가 가게 문 닫고 집에 오면 9시였거든요. 그래서 항시 밥이 9시여 갖고 그게 습관이 된 것 같아요. 그래서 그때 밥 먹고 뭐 하다가 자요. 그랬어요, 하루 일상이.

5

자동차 디자이너를 꿈꾸었던 휘범이, 그리고 주말과 여가

면담자   휘범이가 디자이너 지망이었다고 그러는데, 미술학원은 언제부터 다녔어요?

휘범 엄마   중학교 3학년 때부터. 중학교… 이것도 가물가물한데, 중학교 2학년 겨울방학 때부터 다녔던 것 같아요.

면담자   그때부터 진로를 정한 건가요?

휘범 엄마   네. 그때 당시로는 휘범이가 지금 인제 냉정하게 말하면 그림을 굉장히 잘 그리지는 않았어요. 그런데 정말 좋아했어요. 공부는 썩 잘하지는 못했어요, 근데 학교에서 그림 같은 걸 그리면 꼭 상을 받아왔거든요. 그리고 그림을 그리면 친구들이라든지 선생님한테 칭찬을 받잖아요. 거기에 대한 만족도가 굉장히 좋더라고요, 높았어요. 그래서 거기에 좀 애가, 그림 그릴 때 되게 힘이 있어서 초등학교 때 [학원을] 조금은 다녔어요. 음악, 미술, 체육 묶어서 다니는 거 있잖아요? 그럴 때 조금 다녔는데, 근데 만화 그리는 것을 좋아했었어요. 그래서 그때는 애니메이션 쪽으로 보냈죠, 중학교 때부터는. 그래서 계속 만화 그렸었어요.

그러더니 갑자기 고등학교 1학년 겨울방학 때, "엄마 나 산업디자인 쪽으로 바꾸면 안 되냐?"고 그러더라고요. 자동차 쪽 디자인이 없어요. 그래 가지고 산업디자인 쪽으로 바꾸고 싶다고, 진로를. 그래서 학원은 같은 학원이지만 관이 다르더라고요. 그래서 이쪽 관 이쪽[저쪽] 관 달라서 제가 산업디자인에 가서, 그 선생님이랑 상담을 하고 산업디자인으로 바꿨어요. 근데 애니메이션 선생님은 "얘는 애니메이션이 좀 더 디테일하게 표시하는 것도 그렇고, 더 낫다"고 했었어요. 근데 자기가 산업디자인 가고 싶다고 그래 갖고 고등학교 1학년 겨울방학 때 바꿨어요. 채 반년, 반년도 못 다녔죠. 반년 정도 다닌 것 같아요.

면담자   휘범이는 왜 바꾸고 싶었던 거예요?

휘범 엄마   자기는 자동차 쪽을 하고 싶어 했었어요. 자동차에 굉장히 관심이 많아 가지고, 자기 꿈은 자동차 디자이너였었어요. 그래 가지고 바꾸고 싶어 했어요.

면담자   바꾸는 데 영향을 준 사람이나….

휘범 엄마   학원에서 뭔가가 있었나 봐요. 그리고 자기가 집에 와서 보면 컴퓨터를 틀어놓고 자동차 쪽 같은 걸 많이 보더라고요. (면담자 : 좋아했군요) 네. 많이 좋아했어요, 애기 때부터 좋아했어요. 애기 때는 그냥 장난감을 좋아하는 수준이라 생각했는데, 자동차를 좀 많이 그리고 하더라고요, 세부적으로 그리고.

면담자   그러면 주말은 대체로 어떻게 보내셨어요?

휘범 엄마   주말도 똑같아요. 휘범이가 토요일 날은 학원을 갔거든요. 그때는 그리고 또 격주였어요. 지금은 다 안 가잖아요? 그때는 학교가 격주로 학교를 가고, 격주 안 가고. 그래서 월, 수, 금, 토를 학원 갔더라고요, 제가 몰라갖고 물어봤거든요. 그리고 안 가는 날은 아침에 일어나서 별거 없어요. 밥 먹고 TV 보고, 또 뭐 윗집에서 놀러 오거나 아랫집에서 놀러 오면 집에서 놀고, 그게 다예요. 일요일에는 가끔은 아빠랑 목욕탕 가고. 한 달에 한 번 정도죠. 그리고 아빠가 일요일 날은 운동을 못 하니까 캐치볼하는 거, 야구방망이 휘두르는 거, 배드민턴, 축구 이런 거 있잖아요. 계속 데리고 다니면서 학교 앞이나 아파트 1층에 가서 하고, 끝나고 목욕탕 가고, 그리고 바나나우유 하나씩 먹고 그러고 집으로 왔어요.

34

휘범 엄마 신점자

면담자   혹시 여가생활이나 취미생활은 어머님은 어떻게 하셨어요?

휘범 엄마   저는 예전에는… 2년 전까지는 수영을 했어요, 아침에. 아침에 수영하고, 여가생활 없어요, 수다 떨고 노는 게 여가생활이에요.

면담자   (웃음) 휘범이랑 다른 가족들이랑 같이 수영하거나 그러지는 않았어요?

휘범 엄마   휘범이하고 동생도, 저희 식구들이 다 수영을 했어요. 근데 저는 아침에 했고 애 아빠는 새벽반으로 이렇게, 겹치지는 않았던 것 같아요. 제가 먼저 다니다가 애 아빠가 다녀서, 출근해야 되니까 새벽반. 그리고 휘범이하고 ○○이는 학교 끝나고 오면 오후 4시부, 5시부 있잖아요, 그렇게 다녔어요.

면담자   어디 놀러 가거나 여행 가진 않으셨어요?

휘범 엄마   그런 경험은 저희는 별로 없었던 것 같아요. 제가 별로 돌아다니는 건 그냥 그랬고, 휘범이 중3 때 저희는 이제 할머니집이나 외갓집을 좀 꼭 가죠. 일 년에 세 번은 갔죠, 명절 때하고 생신, 여름휴가 때. 그러면 거기는 바닷가 쪽이에요, 우리 친정 동네는. 그래서 그냥 거기 가면 '나로호 우주센터'가 가까워요. 그런데도 가고 보성… 거기 가서 해결을 하지 별로 돌아다니지는 않았고, 여름휴가 때 한번은 아빠가 애를 데리고 자기 군부대에, 포천

인가, 군대 갔던 데에 데리고 갔다가 이동갈비 사서 먹이고, 폭포에서 놀고 오고 이러고. 그다음에 일요일에 가끔 수암산 데리고 가고, 그다음에 1월 1일에 해돋이 보러 간다고 애들 데리고 가고.

면담자   해돋이도 보러 가셨어요?

휘범 엄마   네, 애들 데리고 밤에, 12월 31일 날 밤에 준비 다 하고 자서 4시 몇 분에 일어나서 차 끌고 가면, 수암봉에 올라가서 해돋이 보고, 거기서 떡국 주면 떡국 먹고 그러고 오더라고요. (면담자 : 매년?) 아니, 매년은 아니에요, 매년은 아니고. 그리고 휘범이 중학교 3학년 여름방학 때는 아빠가 저는 친정 보내줬고요. 우리 애들 둘은 사촌 동생이 울산에, 우리 언니가 또 울산에 하나 살아요. 그래서 KTX 타고, 처음으로 탔을 거예요, 걔네도. "KTX 여행하자" 해갖고 KTX 타고 울산 갔다가, 부산 갔다가, '여수엑스포' 갔다가, 저는 엄마네 가서 기다리고 있다가 걔네들이 오면 만나서 데리고 왔죠, 그렇게.

면담자   쭉 도는 여행이었군요.

휘범 엄마   네. 엄마까지, 저까지 같이 갈려고 했는데, 여름 손님이 세 명이나 가면 언니하고 형부에게 미안하더라고요. 그래서 그냥 애들만 보내면, 그리고 그 애들이 자기네들끼리 잘 놀았어요.

면담자   형제가 사이가 좋았나 봐요.

휘범 엄마   네. 그리고 우리 언니한테 유일하게 딸이 하나 있어

휘범 엄마 신점자

요. 그 누나의 말이라면, 그 누나가 올해가 스물아홉, 91년생인가 될 거예요. 근데 그 누나 말이라면 "먹어라" 그래도 잘 먹고 뭐 해도 잘 했어요, 그 누나 말을 잘 따라 다녔어요. 이모들 중에서도 유독 좋아하는 이모가 있잖아요. 그 이모를 되게 또 좋아했고요.

6
얌전했던 휘범이의 일화, 그리고 미안함

면담자   그러면 많은 것을 이야기해 주셨는데 그중에서도 가장 기억에 남는 일화가 있다면, 휘범이와 함께한 가장 기억에 남는 일화가 있다면 뭐예요?

휘범 엄마   가장 기억에 남는 거면⋯ 가장은 모르겠고요. 애기 때 휘범이 잃어버려 갖고 휘범이 찾으러 두 번 다녔고, 그냥 갑자기 생각나는 게.

면담자   어디서 잃어버리신 거예요?

휘범 엄마   애기 때 동생 유모차 끌고 저 뒤에서 손잡고 오는데, 잠깐 옆에 보더니 다른 무리들을 따라가 버렸어요, 다른 사람 무리. 엄마인 줄 알고 옆에 보다가, 그래서 팔찌를 해가지고 찾았고. 그렇게 두 번 잃어버렸고. 아파트 1층에서 놀다가 누가 형아들이 가니까 뒤따라가 갖고 마트까지 가버렸더라고요, 또 한번은.

면담자   호기심이 많았나 봐요.

휘범 엄마   네, 신호등을 건너가서 오전에 가서 슬리퍼를 사갖고 왔거든요, 휘범이를 데리고 갔는데. 거기 가 있더라고요, 그래서 거기서 전화 와가지고 가봤고. 그리고 학교에서 휘범이가 보이스카우트 해가지고, 요즘에는 보이스카우트라고 안 그러고 컵스카우트라고 해요. 요즘에는 보이스카우트, 걸스카우트를 합쳐가지고 컵스카우트라고 하거든요. 컵스카우트에 들[어가서 활동할] 때도 모닥불 피워놓고 춤춘 거 그런 것도 생각나고, 명절 때 가면 항시 외갓집 가면 추석이나 설 때 가면 모닥불 피워놓고 고기 구워 먹거든요, 그런 거. 그다음에 또 해수욕장 가가지고, 얌전하게 노는 애는 안 그랬는데 부잡스럽게 노는 우리 작은애하고 우리 언니네 애기는 해파리 물려갖고 병원 간 거. 그냥 그런 거 있어요.

      딱히, 아니 이게 그때그때… 굉장히 강한 건 없는 것 같아요. 그게 그게 다 일상이, 그중에서 고르라고 하면은… 네, 다 똑같았던 것 같아요. 그리고 잔병치레를 별로 안 하고 컸기 때문에… 생각이 잘 안 나는 것 같아요, 갑자기.

면담자   지금 말씀하신 것들이 기억이, 갑자기 떠오르신 거죠? 인상이 남아 있어 가지고. (휘범 엄마 : 네) 이유가 있어서 떠오른 걸까요?

휘범 엄마   그냥 애기 때 생각하면… 네, 그런 생각이 들어요. 그리고 내가 되게 또, 그냥 갑자기 생각하면 '잃어버린 적도 있었는

휘범 엄마 신점자

데' 뭐 이런, 갑자기 생각이 났네요. 그리고 초등학교 1학년 때 그게 뭐라고 후회스러운 거, 후회스러운 것도 있거든요. 받아쓰기해요. 지금 생각해 보면 받아쓰기에 너무 내가 열중했던 것 같아요. "저녁에 열 번 쓰고 자라" 그리고, 아침에 일어나서 학교 가기 전에 한 번 받아쓰기 불러주고 "써보라"고 했었던 거. 그게 뭐라고… 그랬던 것 같아요, 그랬어요. 아니, 그랬던 거가 아니라 그랬어요. "받아쓰기 오늘 2급 시험 본다" 그러면 집에 오면 "열 번 쓰라" 그래요.

면담자　　　중요하죠. 그래도 열 번(웃음).

휘범 엄마　　근데 이제 지나보니까 다……(한숨).

면담자　　　휘범이가 싫어했어요?

휘범 엄마　　틀릴 거 아니에요? 하기 싫어하죠. 제일 싫어하는 학습지도 시켰거든요. 학습지 하면 하루만 안 하면 밀리잖아요. 그러면 "빨리 하라고, 빨리 하라고"(한숨) 이렇게 될 줄은 몰랐잖아요. 그리고 부모들이 그러잖아요, "너를 위해서 시킨다"고 하잖아요. 나도 우리 엄마, 아빠가 했던 것 그대로 반복했잖아요. 그런데 지금 생각해 보면 그게 제일 가슴 아파요. 저는 특별하게 아이들한테 못 해줬다고 생각은 안 해요, 물론 특별히 잘해준 것은 없지만. 근데 학습지에 너무 연연했던 것 같아요. 그날그날 해야 되는 습관을 길러야 자기주도학습이 된다고 해서 "빨리 해, 빨리 해" 이렇게 막, 그런 거 있잖아요. 너무 애들한테 힘들게 했던 것 같애.

면담자　　　그것도 다 도움이 되었을 거예요, 뭔가.

휘범 엄마　　그랬는데 휘범이한테 아프게 말한 거는 생각해 보면 그런 거, 애들한테, 학습지 시킨 거, 막 (언성을 높인 음성으로) "빨리 하라고" 이런 거 있잖아요.

면담자　　　그럼 거의 아프게 말한 게 없으신 것 같은데요(웃음).

휘범 엄마　　아니, 아니에요. 공부 안 하고 있으면 [손으로 아이를] 밀면서 "빨리 하라고" 이렇게 좋게만 말했겠어요? 소리 질렀겠지. 아빠가 엘리베이터 문 딱 열리면 "저 계모 또 시작이다" 그랬대요.

면담자　　　휘범이 키우시면서 특별히 중요하게 생각하셨던 것이 있었나요? 학습지 말고 그 외에 뭐.

휘범 엄마　　아니, 우리 애는 존댓말도 자기들이 했고요, 책을 읽으니까… 존댓말도 굉장히, 시키지 않았거든요.

면담자　　　자기가 알아서.

휘범 엄마　　네. 어른한테 하는 거. 그리고 할머니, 할아버지들을 굉장히 좋아했어요. 우리 할머니, 할아버지도 굉장히 좋아했고, 동네 할머니한테도 굉장히 공손했어요. 어떨 때는 보면 '그냥 가지, 무슨 엘리베이터를 눌러줄까?' 우리 나가야 하잖아요. 그러면 엘리베이터에 유모차 끌고 가면, 우리 엄마들이 나쁜 거지, 엘리베이터를 눌러줘요, 올라가는 거. "빨리 와, 우리 늦어!" 이러면 그거 눌러주고 "안녕히 가세요" 하고 오는 게 있었어요.

면담자	어머님이 그렇게 하라고 가르치신 게 아닐까요?

휘범 엄마　가르쳤는데, 나도 인제 눌러주긴 하는데, 어쩔 때는 그런 거 있잖아요? '내가 바쁜데 빨리 가야지' 사람이 이게 앞뒤가 있잖아요? 조금 그러면 안 되는데.

면담자　어머님한테 딱 배워가지고 바로 그게 남았나 보네요.

휘범 엄마　네, 그런 것은 성향이 그런 것 같아요, 성향이 되게.

면담자　친구들이랑도 많이 놀러 다녔어요?

휘범 엄마　그렇게 많이는 [아니에요]. 친구들을 굉장히 좋아했어요. 굉장히 좋아했는데, 우리 집에 초등학교 때는 놀러 오고요, 애들이. 그리고 엄마에 의한 모임이죠. 엄마들이 친하면, 엄마들이 친해지잖아요? 그리고 지금 생각해 보면 휘범이는 욕하고 그런 거 굉장히 싫어했어요, 싸우고. 그래서 내가 인제 아빠랑 싸우잖아요, 말다툼 나오면 목소리가 커지잖아요. 그러면 ○○이를 데리고 작은방에 가서 꼭 안아줬어요.

친구들도, 친구들이 요즘엔 농담으로 욕하잖아요? 굉장히 싫어해 가지고 집에 와서 저에게 얘기했어요. "엄마, 걔가 나한테 욕했다고". 근데 들어보면 휘범이한테는 큰 건데, 걔네들은 일상으로 있잖아요? 일상, 남자애들은 뭐 "꺼져" 또 쌍시옷 들어간 거 욕 잘하잖아요? 근데 그런 거 굉장히 싫어했어요. 그리고 밖에 나가서 놀[으라 그래도 별로 놀지 않았어요. 얌전한 애들하곤 좀 친했던 것 같아요, 얌전한 애들이랑. 그리고 학원 다닐 때도 같이 가는 애가 있어요. 걔는… 같이 가는 건 아니지만 터미널에서 자주 만나고, 올 때 같이 오더라고요.

면담자 　　　그러면 미술학원 다니게 된 것도 휘범이가 자기가 다니고 싶다고 해서 다니게 된 건가요?

휘범 엄마 　　네. "미술학원, 미술 하고 싶다"고. 그래서 학교 친구보다 미술학원 친구들하고 더 친했어요.

면담자 　　　아, 거기는 다양한 학교 친구들이 있는 거예요?

휘범 엄마 　　미술학원에는 단원고등학교, 그다음에 우리 [휘범이가 졸업한] 중학교 애들만이 아니고 안산 시내에서 다 오니까, 그쪽에도 그림 그리는 애들이 성향이 좀 얌전하고 또 그렇잖아요. 그래서 걔네들하고는 잘 코드가 맞더라고요.

7
이웃과의 일상과 정치에 대한 평소 생각

면담자 　　　부모님이 세상 돌아가는 일이라든가 입시 관련해서 정보 주고받고 있잖아요. 그런 건 어디서 얻으셨어요? 아무래도 주로 만나는 분들이 많으시니까, 모임?

휘범 엄마 　　사실은 별로 얻은 게, 솔직히 말하면 안 얻었어요,

솔직히 말해서 안 얻었어요. 우리가 고등학교 2학년 때 입시설명회를 학교에서, 고등학교는 학부모총회라고 하지 않고 입시설명회라고 말을 하더라고요. 고등학교에는 학부모총회인데, 오라 그래 갖고 시청각자료실에서 이야기하는데, 저는 휘범이가 큰애다 보니까 뭔 말인지 하나도 모르겠더라고요. 그리고 덜컥 겁이 나더라고요. '저게 무슨 말이야?' 한 번도 안 접해본 말이니까 덜컥 겁이 나고, 뭔 말인지 하나도 못 알아먹겠더라고요. 근데 정말 발 빠르게 정보력이 좋아야 되고 또 그런 사람이 있는데, 내 주변에는… 그렇게 입시, 그때 당시로는 그런 거 없었어요. 그래 갖고 처음 듣고 와 갖고 멍하더라고요.

3월에 그걸 했거든요, 입시설명회를. 그리고 4월 달에 일이 터져가지고, 어디 가갖고 상담하고 그런 것도 없었어요. 근데 이제 미술학원 가면, '이런이런 게 있으니까 애니메이션 선생님하고 통화…' 어쩌다 한 번씩 가잖아요? 그러면 "휘범이가 잘하고 있다" 그런 거 이야기나 했지, 아직 중3, 고1 이랬기 때문에 입시 이야기는 그렇게 많이 하지는 않았어요. 그래서 정보를 이렇게 직접적으로 받아보고 그런 건 없었어요.

면담자　　　그러면 입시정보 같은 거 말고 보통 다른 분들이랑 모이면 어떤 이야기를 주로 하셨어요?

휘범 엄마　　　그냥 세상 돌아가는 이야기 한 거. (면담자 : 세상 돌아가는 어떤?) 그 어울리던 엄마들 중에는 고등학교 1학년 때 학부모

총회 갔고요. 고등학교 2학년 때에는 교실에는 안 갔어요. 교실에
는 안 가고 시청각자료실만 갔다가, 자꾸 교실에 가면 뭘 시키더라
고요. 뭐 "반 대표 해라" 뭐 이런 거 있잖아요. 그래서 그런 거 안
하려고 그냥 시청각자료실에 가서만 듣고 그냥 왔고, 단원고등학
교에는 친구, 내가 친했던 그 어울렸던 사람이 없었어요. 몇 명은
있었지만, 우리 반이 돼갖고 좀 아는 사람이라든지 그런 사람은 없
었어요. 그래서 고등학교 1학년 때 가서 교실에서 이야기하고 왔
지만 전화번호를 주고받은 사람도 하나도 없었고요. 그리고 단원
고등학교 1학년 때 갔을 때 앉아 있는 부모님이 여덟아홉 명 오셨
거든요. 저희 학교에서 오신 엄마들 한 분도 없었어요.

면담자   같은 중학교에서 간 아이들이 많지 않았다고요?

휘범 엄마   네, 그래서 얼굴을 아무도 몰랐어요. 그래서 좀 낯설
었고 인제 고등학교 1학년이다 보니까… 그냥 끝나고 왔어요. 고
등학교 2학년 때에는 교실에 아예 안 갔고. 그랬기 때문에 고등학
교 엄마들하고의 그런 어울리고 그런 건 없었고…. 중학교 때 엄마
들, 그리고 또 둘째가 같이 들어가고, 중학교 1학년이면 얘는 고등
학교 1학년 이러니까 또… 중학교는 큰애 휘범이 동생하고, ○○
이하고 겹치잖아요. 동생도 겹치고, 중간에 또 끼어 있는 애들도
있고 그러니까. 그쪽에 선부동에서는 아는 사람이 많았는데 단원
고등학교에서는 없었어요.

면담자   둘째는 그러면 단원고 갔어요 혹시?

휘범 엄마   아니요. 강서고등학교라고, 안 간다고 그러더라고요, 단원고등학교를. 그때는 우리 아들 학교 갈 때까지만 해도, 우리 아들 바로 밑에까지는 원하면 단원고등학교를 그냥 넣어줬거든요. 그리고 단원고등학교를 안 간다는 애들은 뺐어요. 단원고등학교 안 간다고 그래 가지고 안 갔어요.

면담자   선부동이면은 안산 옆쪽이죠?

휘범 엄마   아니요. 거기는 원곡동이고요, 선부동은 여기서 가까워요. 뭐라 그래야 되지, 여기가 고잔동이잖아요. 화랑유원지가 초지동이거든요, 행정구역상. 화랑유원지 1주차장… 화랑유원지가 선부동 쪽, 선부동의 시작점이에요. 거기 화랑유원지에서 오른쪽으로 예전에 분향소 쪽으로 오른쪽으로 보면 아파트 많은 쪽이 선부동이에요.

면담자   아, 그 아파트 많은 쪽. 이제 알겠어요.

휘범 엄마   지금은 선부역, 선부역도 생겼어요, 역 생겼어요.

면담자   이웃분들이랑은 모여서 어떤 이야기를 주로 하셨어요?

휘범 엄마   그냥 일상생활. "니네 어제 뭐 해 먹었냐?" 그런 것들 있잖아요. 그리고 "언니, 우리 신랑 어제 늦게 들어왔어" 왜 이런 거 있잖아요. 그리고 학교 이야기도 좀 하고. 고등학교 때는 많이 그러지는 않았지만, 학교에서 뭐 한다 이런 거, 그리고 그냥 일상생활 이야기 있잖아요. 시댁 이야기도 하고, 친정 이야기도 하고, TV 이야기도 하고, 그때그때 뭐.

면담자   종교는 없으셨던 거고요?

휘범 엄마   네, 없어요.

면담자   원래 투표는 쭉 하시는 편이셨어요?

휘범 엄마   네, 꼭 했죠, 정치.

면담자   정치 관련 이야기는 혹시….

휘범 엄마   그전에는 관심이 별로 없었어요, 솔직히. 없었고.

면담자   박근혜는 찍지 않으셨을 것 같고?(웃음)

휘범 엄마   안 찍었어요. 그것은 아무리 관심 없어도 안 찍죠. 안 찍고, 그리고 뭐 "호남, 영남 갈라졌다" 얘기 때는 그게 부모님이 말하는 것에 대해서 은연중에 세뇌가 되잖아요, 알지도 못하지만. 그리고 분위기라는 게 있고 그랬는데, 물론 그런 것도 영향이 많이 있었기도 있었고요. 그리고 저희 언니가 매번 데모하러 다녔거든요, 바로 위 둘째 언니가 데모하러 다니고.

면담자   양산에 계시는?

휘범 엄마   네, 매번 데모하러 다니고. 그리고 5월에 봉하마을은 우리 아버지 생신 때는 안 하고 아버지 제사 때는 안 와도, 5월에 봉하마을은 꼭 가요, 우리 언니가. 아시죠, 그 정도면? 그리고 뭐

문재인, 노무현, 뭐 이번에 김경수, 그다음에 양산에 저기 송인배, 뭐 그쪽 일이면 굉장히 열심히 해요. 그리고 여기 일도 굉장히 열심히 하고, 네. 굉장히 열심히 해, 언니한테 뭐….

면담자   알겠습니다. 그러면 휘범이 고등학교 올라간 후에도 많은 일이 있었을 것 같은데, 고1 때까지 학부모들은 서로 거의 모르셨고 수학여행 후에 알게 되신 거예요?

휘범 엄마   네, 이 일 이후에.

8
수학여행 가기가 무서웠던 휘범이

면담자   그러면 수학여행 출발 전에는 여행에 대해 어떤 이야기를 알고 계셨어요?

휘범 엄마   솔직히 저는 나중에 이 일이 터졌을 때 수학여행 간다고 찬반, 1, 2, 3항이 있었잖아요? 근데 저는 했겠지만 생각이 안 나는 거예요. 근데 있었어요, 1, 2, 3, 4항이 있었어요. 뭐 강원도 가는 거 그다음에 순천, 여수 가는 거, 제주도 가는 거 뭐 있었거든요. 부산 가는 거까지도 있었던 것 같은데 정확히는 아니고, 근데 저는 제주도 가는 거…를 음… 표시를 했는지 아닌지도 솔직히 기억이 안 나지만, 표시를 했다면 거기에 배를 타고 간다는 건 저는 몰랐거든요.

면담자   배로 간다, 비행기로 간다 그런 거요?

휘범 엄마   제주도 그러면 당연히 저는 비행기라고 생각했어요. 왜냐하면 애네들은 빨리 갔다가 와야 되는데, 배는 타면 시간이 오래 걸리잖아요? 내가 그때 사고 터졌을 때 주위 사람들한테 "배 타고 간다는 항목이 있었냐?" 근데 어떤 사람도 "자기도 못 봤다"[고 하더라고요] 근데 그분도 저처럼 정신이 없는 사람인지는 모르겠지만, "나는 배 타고 간다는 거는 못 봤다"라고 그러더라고요.

면담자   솔직히 그런 통신문을 다 일일이 부모님이 챙겨 보기도 쉽지 않고….

휘범 엄마   그리고 그런 것도 있어요. "너, 어디 가고 싶어?"[하고 물으면] 가는 애가 얘기[하지], 본인한테 "너, 제주도 가고 싶어, 부산 가고 싶어?" 물어보잖아요. 그러면 애들이 "엄마, 나 제주도 갈래" 이러잖아요? 그래서 제주도를… 표시를 했어요. 그리고 평상시에 다른 데 3박 4일이면 거의 20만 원 드는데, 거기 30만 원대였거든요. 그래서 제 생각은 그런 게 있었어요. '내가 애들을 데리고 놀러 많이 못 가주니까'. 그리고 애들이 크면 친구들이랑 가고 싶어 하잖아요. 그래서 '내가 자주 못 가주고 그러니까, 학교에서 가는 건 될 수 있으면……'. 학교에서 체험학습 가고 컵스카우트에서나 그다음에 학교에서 1년에 한 번씩 가는 거, 예전에는 소풍이라고 하지만 지금은 체험학습이라고 하잖아요. 그거는 다, 될 수 있으면 다 보냈거든요. 그래서 수학여행은 당연히 갈 거고 그래서 체크를 했죠.

면담자   휘범이는 제주도에 전에 가봤나요?

휘범 엄마   안 가봤어요, 안 가봤어요. 되게 기대했는데… 안 가
고 싶어 했어요, 나중에는. (면담자 : 왜요?) 모르겠어요. 그게 수학
여행을 가기 전, 일주일 전부터였는지 "엄마, 나 수학여행 안 가면
안 돼요?" 계속 그랬어요. "무섭다"고, "무섭다"고 그랬어요. 그래
서 내가 이런 일이 있을 줄은 모르고 "얘는 참, 군대는 어떻게 갈
래?" 그런 것 있잖아요. "뭐가 무섭냐?" 그러면서 가는 날, 수학여
행 가는 날 화요일이었거든요. 화, 수, 목, 금… 화요일이었어요,
화요일 3시까지 수업을 하고 갔어요.

    그때 우리 애 아빠가, 그 화요일 날 수학여행 갔으니까, 그 전
금요일부터인가, 목요일부터인가 출장을 갔었어요. 5일 동안 외박
을 해야 해서 갔었는데, 화요일 아침에 내가 학교를 데려다줬거든
요. 그리고 그냥 학교 가방만, 오전에 수업했기 때문에 학교 가방
만 들고 가고 "이따가 너가 선생님한테 물어봐서 몇 교시를 하는지
를 물어보고 엄마한테 연락을 해주면, 엄마가 이 수학여행 가방을
가지고 학교로 가겠다. 그리고 너 학교 가방을 내가 받아갖고 집으
로 오겠다" 이렇게 하고 [이야기]했는데 연락이 왔더라고요. "엄마
우리, 3시까지 수업을 한대요" 그랬는지, "6교시까지 한대요" 그랬
는지 그렇게 [이야기]하더라고요. 그래 갖고 "어, 엄마가 그러면 3시
40분까지 갈게" 그랬어요. "4시까지 한다" 그랬나 봐요. 4시 반에

차는 출발했고, 4시까지 수업을 하니까 "내가 3시 40분까지 갈게" 그리고 짐을 들고 학교로 왔어요. 그래서 내가 짐을 들고 올라갔어요, 그 구령대 있는 쪽으로. 휘범이가 나오더라고, 슬리퍼를 신고 나오더라고요. 다른 반은 끝난 반이 좀 있어요, 차는 운동장에 딱 세워져 있고. 그래서 가방만 갖고 가려 그래서 "가방 갖고 와야지, 엄마가 받아갖고 가야지" 그랬더니, "종례를 조금 덜 했는데 조금만 기다리라"고 그러더라고요. 그래서 "알았다"고 그리고 종례 끝나고 좀 있으니까 나오더라고요. 그래서 내가 휘범이 가방을 받고, 휘범이 수학여행 가방을 줬죠.

그때 나를 꼭 안아주더라고요. 그러면서 "아우, 무섭다" 이러더라고, "안 가고 싶다"고. 근데 아침에 등교시켜 줄 때도 차 속에서 그랬어요. "엄마, 나 안 가면 안 되겠지?" 이러더라고, 등교하는 데서. 그래서 내가 짜증을 좀 냈죠. "야, 지금 가는데 그걸 인제 말하면 되겠냐?" 그 전부터 말은 했지만 "야, 그게 다 단체생활인데 그걸 왜 안 가냐?"고, 그리고 "뭐가 무섭냐?"고. "두렵다"고 그러더라고요, "두렵다"고.

면담자　　　원래 그런 이야기를 했나요?

휘범 엄마　　안 했어요, 안 했어요. 안 하고, 여행을 간다는 거에 대한 좋은 건 있지만, 한편으로는 두려운 것도 없잖아 있잖아요? 뭐 가면은… 인제 모르겠어요. 어디 가면은 중학교 때에도 수학여행 가면 제일 먼저 잤대요. 제일 먼저 자고 제일 먼저 일어나고. 되게, 그날 갈 때 나를 꼭 안아주면서 그러더라고요. 제가 "잘 다녀와" 그랬더니 "네, 잘 다녀올게요. 근데 아, 무섭다" 그러더라고요.

면담자   그 말이 계속 걸리실 것 같아요.

휘범 엄마   그 말이 계속 걸려요, 그 말이. 그래서 이제 우리 휘범이는 문자도 자주 하고 전화도 자주 했어요. 그래서 가방에다 내가 우리 아들 홈런볼[과자]을 좋아해서 홈런볼하고 포카리스웨트[음료수]를 좋아해서, 많이는 안 넣고 "그거 사놨으니까 먹어" 그랬더니, 출발한 거는 저는 못 봤거든요. 그래서 나 가고 휘범이한테 "차 탔다"고 차 타고 문자 왔더라고요, 홈런볼이랑 포카리스웨트 친구들이랑 먹었다고. 인천으로 가니까, 그러고 내가 잘했다고 그랬거든. "친구들이랑 홈런볼이랑 포카리스웨트 먹었어요" 그러면서 "엄마, 잘 다녀올게요, 선물 꼭 사가지고 올게요" 그래서 내가 "초콜릿 사 오지 말아라" 이랬거든요, "그런 거 사 오지 말고, 너 먹고 싶은 거 사서 먹으라"고. 누가 바로 전에 제주도를 갔다가 초콜릿을 많이 사 왔더라고요. 근데 안 먹어요, 안 먹어서 "사 오지 말고 엄마 기념품은 필요 없으니까 너 뭐 사 먹어라" 그랬거든요. 그렇게 보냈어요.

면담자   수학여행 짐도 직접 싸주셨어요?

휘범 엄마   내가 다 싸줬죠.

면담자   쇼핑 같은 것도 하셨나요?

휘범 엄마   쇼핑은 안 했어요. 집에 있는 옷에다가 집에 있는, 쇼핑이라고 하면 아까 홈런볼하고 포카리스웨트 그것밖에 없어요. 뭐 충전기, 자기한테 다 있는 거, 뭐 양말, 세면도구 다 있는 거로 다 보냈죠.

면담자   그리고 재미있게 놀라고 용돈도 주시고요.

휘범 엄마   네.

9

수학여행 당일, 그리고 다음 날 참사 소식을 접하고

면담자   그렇군요. 저녁에 배 출항하는 것은 그 전에 아신 거네요, 4시까지 [수업] 했다고 하니.

휘범 엄마   저는 4시 반엔가 "가는 데 과자 먹었다"고 그러고 갔고… 휘범이한테[가] 뭐라고 "엄마, 뭐 안 간대요" 그랬던 것 같아요. "안 간대요" 그랬나… 그러더니 다시 "간대요" 그랬나? 이게 너무 오래돼서 저는 그런 거는 몰랐어요, 당연히 갈 거라고 생각을 했거든요. 내가 우리 휘범이한테 온… (면담자 : 문자가 남아 있나요?) 네. (면담자 : 계속 같은 핸드폰 쓰세요?) 저요? 네. (휴대전화에서 문자를 찾으며) 이건 학원 갈 때, 우리 아들은 꼭 버스를 타면 "125번 탔어요, 61번 버스 탔어요" 계속 이렇게, 학원 갈 때 버스를 타면 저한테 꼭 문자를 주거든요. 목요일에도 갔네요, 4월 10일 날도. 4월 10날 목요일에도 갔어요, 금요일 날도 갔고 월요일 날도 갔고, 가고. 근데 4월 15일 날 휘범이가 4시 13분에… 내가 휘범이한테 짐 주고 "휘범아, 재미있고 알차게 보내고 와. 맛난 거 많이 사 먹고 돈 관리 잘하고 아프지 않게. 엄마 집에 간다" 그러고 4시 13분에 내가 보냈어요. 그랬더니 곧장 "네" 하고 왔더라고요. 그래 갖고 내가 "사랑해, 내 아들 휘범이" 이러고 보냈거든요. 그랬더니 이제 휘범이가… (울먹이며) 우리 휘범이는 사랑한다는 말도 되게 잘했거든요. 곧장 "네, 저도 사랑해요. 사진 찍어서 엄마한테 보내드릴게요" 그렇게 카톡이, 문자가 왔더라고요. 그래서 내가 "네가 데이터를 많이 못 쓰니까 가서도 카톡 쓰지 말고 문자로 하라"고 했거든요. 내가 그게 제일 뭐냐면, 친구들끼리 카톡을 하잖아? 그걸 못 본 거야. 그게 내가 너무, 이런 일이 있을 줄은 몰랐잖아요.

그래서 내가 1년 전에 세월호 배를 타고 제주도를 갔다 왔거든요. (면담자 : 어머님이요?) 네, 근데 전화가 잘 안 되더라고요, 그래서 이걸로 하라고 그랬는데. 그리고 연락이 안 왔어요. 그리고 오후 4시 27분에, 뭐 11시 2분에 "자니? 뭐 해, 누워 있어?" 계속했는데 "아직 안 잤어" 뭐 전화를[가] 계속 오더라고요. 전화 자주 왔어요, 휘범이한테. 그래서 내가 "너는 뭐 전화를 자주 하냐". 애가 좀 겁이 났나 봐요, 배를 타고 가는 게. 그랬더니 "아직 안 잤다"고 11시 3분에 문자가 왔길래 "감기 안 걸리게 잘 챙겨 입고 자" 그랬더니 "네" 그러더라고요. 그래 가지고 밤 11시 16분까지 카톡을, 문자를 하고 아침에 내가 9시 43분에 휘범이한테 문자를 보냈어요.

16일 사고 터진, 사고 난 날, 사무실에 갔는데 사장님이 뉴스 좀 보라고 하더라고요, 핸드폰으로 뉴스를 보래요. 그래 가지고 봤는데, 보고 사장님이 "바로 집에 가라" 그래 갖고 집에 왔거든요. 그랬는데 내가 휘범이한테 "괜찮아? 배가 침몰한다고 뉴스에 나와서" 그랬더니, 9시 56분에 "지금 해양경찰이 오고 있어" 이렇게 하고 문자가 왔어요. 그래서 제가 "괜찮으니까 침착하게 있고, 구조된다니까. 다친 데는 없지?" 하고 "가방 잘 챙겨" 그랬거든요. 내가 이때, 단원고등학교에 전화를 했고 청해진에도 전화를 한 상태였어요, 벌써 전화를 다 했는데. "네" 그러고 다친 데는 없대요. 그러고 난 다음에 10시에 "다친 데 없어" 그러고 온 게 마지막이에요. 그리고 내가 계속 "해경이랑 너는 다른 배를 탔니?" 하고 계속 물어봤거든요. 그랬더니 연락이 없더라고요. 10시까지 저랑 문자를 주고받았어요, 10시까지.

면담자　　　네. 문자를 자주 들여다보세요?

휘범 엄마　　그래서 내가 그 이후로 이제 그냥 혼자 보내는 문자 있잖아? 보내고 #1111 보내면 그런 것도 많이 보내고 그랬어요. 내가 혹시나 지워질까 봐 "캡쳐하라"고 그때 그러더라고요. 자꾸 그러니까 "캡쳐해 놔라"라고 해서 그때 한번 캡쳐해 놓고.

면담자　　　핸드폰도 사실 고장도 자주 나잖아요. 3년에 한 번씩은 바꾸기도 하고 그런데 계속.

휘범 엄마　　아, 전화기는 한 번 바꿨어요. 전화기는 바꿨는데,

전에 [쓰던] 전화기는 있어요, 집에. 휘범이 사고 나기 전에 핸드폰이 고장이 나버려 가지고.

면담자 그러면 문자를 옮긴 건가요?

휘범 엄마 아니요. 전화번호 그대로 하니까 옮겨 오던데요.

면담자 그렇군요. 그러면 그 사건 소식을 사무실에서 듣고 학교로 바로 가신 건가요?

휘범 엄마 네. 복도 우리 사무실에서 나와서 교장, 그러니까 학교에 먼저 전화하고, 학교에서 인정하더라고요. 사고가 났다고 하는데 그랬는데 학교에서 뭐라 그랬냐 하면, "전원 구조됐고" 그리고 문자가 계속 왔어요, "전원 구조됐다"고. 근데 버스를 어떤 선생님이 전화를 받았는지는 모르겠지만 버스를 10대를 대절을 했대요, 진도에서. 버스를 10대를 대절을 해서 지금 진도 해역에 버스 10대가 대기하고 있고, 얘네들이 그 배[버스]를 타고 올라올 거래요. 그래 갖고 "아, 그래요?" 그랬더니 "그럼, 애들이 좀 젖었겠네요?" 그랬더니 "조금 젖었을 거다"고 그래서 "알았다"고, 그러면 집에 가서 인제 옷을 챙겼죠, 옷을 챙겨서….

그러고 난 다음에 끊고 난 다음에 청해진에 전화를 했죠, 인천에. 사장님이 전화를, 나는 학교랑 통화를 하고 있고 사장님이 청해진 전화[번호] 알아줘 가지고 했는데, 목소리가 바쁘더라고요. 그래서 "지금 뉴스 보니까 세월호가 침몰했다고 하는데 어떻게 된 거냐?"고 했더니 인정을 하더라고요. "그랬다고 한다. 그런데 지금 알아보고 있는 상황이고 하니까…" 조치를 취하고 있는 상태래요. 거기서 근데 침몰을 해갖고 하는 건 인정했고요. 그리고 "지금 알아보고 있는 상태고 단원고등학교에서도 교장, 교감 선생님하고 계속 전화를 하고 있는 상태이기 때문에 너무 걱정하지 마시라"는 식으로, 그러니까 애들이 다 나오니까 배를, 차를 10대를 대절했다고 그렇게 말했어요.

그래서 저는 그 말을 듣고 집으로 갔죠. 집에서 TV를 틀어놓았는데, 사무실에서 나올 때 차를 내가 그날 갖고 나갔거든요. 그래서 애 아빠한테 말을 했더니 애 아빠가 모르고 있더라고요. 그래서 [애 아빠가] "빨리 학교로 가라" 그러더라고요. 그래서 짐을 안 챙겼어요, 맨 처음에는. 그냥 갔어요. 그랬더니 '안 되겠다' 싶어 갖고 집에 다시 들어가서 옷을 챙겼죠. 그랬는데 옆 동에 있던 친구가 "너 차 가지고 가지 마라"고, "무섭다"고, "내가 태워다 줄 테니까 내 차를 타고 가자" 그래 가지고 학교 앞을 갔는데, 아주 난리더라고요. 벌써 버스가 대절돼 갖고 차를 타고 아주 앞에가 취재진 때문에 갈 수가 없을 정도로 아우성이더라고요, 거기가. 그래서 두 번째 버스를 탔죠, 제가.

면담자　　　두 번째 버스.

휘범 엄마　　　첫 번째 버스를 타려고 하니까 꽉 차서 안 되고, 두 번째 진도 가는 버스를 타고 내려갔죠.

휘범 엄마 신점자

10
울면서 내려갔던 진도, 당시 진도와 팽목 상황

면담자　　어머님 떠올리기 힘드시겠지만, 그날 그때 진도 내려가기까지 상황을 가능하면 자세히 한번 말씀해 주시겠어요?

휘범 엄마　　그날 차를 줄 서서 타고 그러지도 않았어요. 그냥 먼저 들어간 사람이 임자였고 타고 가다가 1호 차, 2호 차 줄줄줄줄 '예술의 전당'[안산문화예술의전당] 앞에 차를 세워서 갔는데.

면담자　　예술의 전당이요?

휘범 엄마　　예술의 전당 앞에서 차를, 단원고등학교에서 차를 단원중학교 앞으로 차를 쭉 빼가지고 예술의 전당 앞으로 차를 세우더라고요. 그러니까 1호 차도 거기 서 있고 2호 차도 있고, 뭔가를 이렇게 하더라고요. 같이 이렇게 해서 갔어요. 그랬는데 가는 도중에 TV를 계속 틀어놓고 갔죠. 어떻게 내려갔는지도 몰라요. 정신이 하나도 없었고. 그런 와중에 차를 타기 전에 우리 반에 생존자 애하고 어떤 엄마가, 우리 반 애 엄마인데 우리 중학교 엄마였어요. 그 엄마가 우리 반인지도 몰랐거든요, 맨 처음에는. 가서 알았어요, 거기 단원고등학교 정문에. 저는 학교를 올라가지 않았어요. 정문에 차가 있어가지고 그냥 탔거든요.

근데 그 엄마가 자기 아들한테 전화가 온 거예요. 아들한테 전화가 왔는데 자기 아들은 살아 있는 거예요. 그리고 거기 민박집으로 생존자 애들 배를 타고 갔잖아요? 거기에서 전화가 왔더라고요. 그러면서 거기에서 그 민박집 전화로 전화가 왔었어요. 그러면서 "너 거기 누구누구 있냐?"고 하니까 누구도 이야기하고 누구도 이야기하고 하더라고요. 그런데 다 처음 들어본 애들이었고, 그다음에 인제 그 엄마한테 우리 휘범이 있냐고 물어보라니까 휘범이는 못 봤대요. 그리고 그 전화번호를 저장해 갖고 내가 전화를 했는데 우리 반 어떤 애가 전화를 받더라고요. 그러면서 "거기에 많이 있냐?"고 하니까 그때 뭐 "몇 명 정도 있다"고 하더라고요. "우리 휘범이는 못 봤냐?" 하니까 "못 봤다"고 하더라고요. 그러면서 "전화 끊어야 될 것 같다"고, "지금 우리 진도체육관으로 어디로 나가야 돼서, 배 타고 나가야 될 것 같다"고 그래 갖고 끊었거든요. 근데 그러고 난 다음에 차를 타고 한참 가는데, 아까 그 생존자 애 맨 처음에 전화 왔다고 그랬잖아요? 걔가 걔 핸드폰으로 엄마한테 전화가 왔어요, 배 거기에서 차 타고 가는 도중에. 근데 걔네들이 진도체육관으로 갔더라고요. 그래서 가는 도중에 생존자 애들 이름을 거기서 벽에 붙어 있었거든요. 그것을 불러주려고 몇 명 몇 명 부르니까 엄마가 사진을 찍어서 보내주라 그랬어요. 그래 갖고 그 애가 사진을 찍어서 그 엄마 핸드폰으로 보내니까, 그 가는 차 2호차에서 거기 붙어 있는 애들 이름을 불러주더라고요 막, 생존자라고 추측되는 애들.

면담자   2호 버스 안에서요?

휘범 엄마 신점자

휘범 엄마   버스 안에서, 타고 내려가는 도중에. 근데 그 불러주
는 애들 이름이 차에는 별로 없었어요. 그리고 근데 거기 조금 틀
리게 나왔더라고요, 나중에는. 한참 가는 길목에 세월호에서 한 명
이 사망했다고, 그게 우리 반이었거든요. 그래서 차웅이 같은 경우
는 2호 차를 안 타고 3호 차나 4호 차를 탄 것 같아요, 우리 차를 안
탔거든요. 근데 거기에 안산시청 관계자 한 명이 인제 교육부 직원
인지 탔는데, "차웅이 혹시 부모님 여기 타고 있냐?"고 이름이 틀리
게 나왔는데 "이름이 조금 비슷한데 틀리다" 그러니까, 이제 차웅
이네가 제일 처음에 발견돼서 차웅이 엄마네는 목포 톨게이트에다
내려줘 버렸어요. 그랬고, 그러고 난 다음에 진도체육관으로 갔죠.
진도체육관 가서 [보니까] 벽에 붙어 있더라고요, 생존자들 이름이.
찾아보니까 우리 휘범이가 없더라고요.

면담자   그러면 버스 안에서도 굉장히 그 안에도 아우성이….

휘범 엄마   계속 TV만 틀고 가고, 사실은 뭐가 버스를 타고 가
면서 진전이 없었어요. 진전, 뭐 정보도 별로 없었고, "사고가 났
다, 지금 거기에" 그런 이야기만 나왔지, 생존자 이야기도 안 나왔
고 잘못된 애들도 이야기도 안 나왔고, 안 나왔었어요.

면담자   버스에 혼자 타신 거고, 아는 분도 없었겠네요.

휘범 엄마   재강이 엄마라고, 거기 재강이 엄마가 우리 초등학
교, 우리 중학교 나왔어요. 그래서 재강이 엄마랑 저랑 같이 자리
를 앉아서 갔어요. 그래서 둘이 계속 울고만 갔죠, 계속 울고만 가

고… 계속 울고만 갔어요, 그냥… TV만 틀고 가고. 차 속에서 조금 시끄럽게 하는 사람이 있었어요, 정신이 좀 온전치 않은 분이 있었어요, 부모님 중에. 그분이 너무 시끄럽게 하니까 그 사람한테 좀 많이, 그 사람 좀 조용하라고 그렇게 하고, 어떻게 내려갔는지도 모르겠어요.

면담자　　아버님이랑 휘범이 동생하고는 연락을, 버스 탄 후에 하셨어요?

휘범 엄마　　네. 동생은 버스 타고 난 후에 못 했고요. 못 했던 것 같고, 아빠는 그냥 왔어요, 학교로 갔대요. 학교로 가가지고 거기에서 내려가는 사람 차가 있어서 승용차로 타고 왔더라고요, 어떤 아빠가 버스는 늦게 가니까, 누구 아빠 차인지는 모르겠어요, 그 아빠 차 타고 밤에 도착했더라고요.

　　동생은 그… 우리 큰아들 휘범이하고 ○○이하고 같은 중학교에 다녔으니까, 그 선생님이 딱 관리를 하더라고요, 관리를 하고. 또 친구가 "느그 ○○이를 우리 집으로 내가 데리고 오겠다"고 하니까 ○○이한테 물어보니까, 우리 큰언니가 안산에 산다고 그랬잖아요? 큰언니네 아들이 장가를 갔어요. 그래서 형수 집에 가 있겠다고, 우리 언니는 장사를 하니까. 그래서 우리 조카며느리가 와서 선생님이 조카며느리네 집으로 데려다 줬죠. 그래서 계속 거기에서 그냥 학교를 왔다 갔다 했어요. 학교는 안 와도 된다고 그랬는데 걔가 "그 집에 있으면 뭐 하냐"고 그래서 학교에 있으면서…

학교는 계속 왔던 것 같아요. 그 대신 핸드폰은 안 내고 걔네들은. 힘들면 가서 상담하고 그렇게 했다고 그러더라고요.

면담자   그러면 진도에 도착한 후에 첫 장면에 대한 기억을 해주실 수 있으세요?

휘범 엄마   처음에 갔을 때 차에 내려서 우왕좌왕 생존자 명단만 확인하고 그랬고… [애 이름이] 없으니까 이제. 근데 우리가 함평이 시댁이라고 했잖아요. 함평의 큰아빠가 벌써 이야기를 다 듣고 갔어요, 진도로. 가까우니까. 그래서 생존자 확인[명단]에 휘범이가 없으니까 휘범이… 애들한테 다 돌아다니면서 휘범이 봤다는 애들을 두 명을 찾았더라고요, 그래서 [그 애들이] 우리 반이에요. 근데 걔한테 물어보니까 휘범이는 3층에서 마지막으로 봤다는 애가 하나 있고, 또 하나는 휘범이를 방에서 봤다는 애가 있고 이래요. 3층에서 봤다는 애가 조금 자세하게 이야기를 하더라고요, 구명조끼도 안 입었다고 이야기하고. 자기도 그[래]더라고요 그래서 "휘범이가 제일 걱정이라"고. 구명조끼를 안 입고, 그 전에 밖에 나와갖고 있다가 일이 터진 것 같아서 되게 걱정을 했거든요. 근데 또 어떤 애는 아니라고 "휘범이 구명조끼 입었다"고. 그런데 구명조끼 입었다는 말이 저는 더… 늦게 있는 일이잖아요. 그래서 걔 말을 믿으려고 노력을 했죠, 혼자서 최면을 걸었죠. 근데 구명조끼를 입었더라고요.

그리고 아침에 전화가 한 번 왔어요. 8시 13분인가 몇 분에 휘범이한테 연락이 왔는데 "아침밥을 먹었고 매점에 가서 음료수를 하나 샀다"고 그러더라고요. 그랬는데 그때 조금 배가 이상하니까 음료수를 안 먹고 갖고 올라갔나 봐요. 올라가서 마지막 동영상에 우리 휘범이가 나와요. 수현이가 찍은 동영상 있잖아요? 같은 방 썼거든요. 거기 우리 휘범이가 보니까, 거기서 동혁이랑 다 구명조끼를 이렇게 하더라고요. 휘범이가 구명조끼를 입었더라고요. 나중에 그건 나왔던 거잖아요.

그리고 체육관이 그때는 아주 사람들만 많았고 은박지 깔고 그랬어요, 아수라장이었어요. 그래서 저는 사람들이 "우리 팽목으로 가자" 그래 갖고 차를 탔어요. 제가 인제 팽목으로 가는 버스를, 우리가 타고 갔던 버스 중에 아무거나 탔어요. 팽목에 가니까 팽목에도 난리더라고요.

그랬는데 거기에서 배를 타고 제가 들어갔거든요, 팽목항에. 팽목에서 진도 그 사고 해역으로 타고 갔어요. 첫 번째 배를 탔거든요. 첫 번째 배를 탔는데 정원이 30명이래요. 근데 해경들이 탔더라고요, 그러니까 30명이 못 타요. 배 [띄울] 때에 물이 빠져가지고 많이 타면 배 밑에가 땅바닥에 닿는대요. 그래서 이렇게는 갈 수가 없대요. 그리고 해경 직원들이 타 있기 때문에 정원은 30명이니까 걔네들이 10명 탔으니까 20명 정도밖에 못 탄대요. 근데 탔어요. 안 된다고 이러면 배 출발 못 한다고 내려야 된다고 그러더라고요. 그래 갖고 그때 휘범이 아빠도 왔었고 그래서 내렸어요. (면담자 : 두 분이 같이 타셨다가) 네. 절대 안 된다고 했는데 "이러시면 안 된다"고 그래서 내렸어요. 내리고 "금방 배를 또 대절하겠다". 큰 배는 아니었어요.

그래서 [대기]하고 있다가 배가 안 오니까 한참 만에 "왜 배 안 주냐?"고 해갖고 또 배가 왔어요. 그런데 또 많이 탄 거예요. 근데 이제 안 내렸어요. 안 내리고 지하로 들어가 갖고 있었어요. 기자들이 많이 탔어요. 기자들이 안 내리니까 "너네들 다 내리라" 이래가지고 카메라맨 한 명하고 기자 한 명하고 뭐 MBC 쪽에서 두세 명 타고, "다 내리라" 그래 갖고 갔거든요, 한 2시간 반 정도 가더라고요. 2시간 반 타고 가니까 가까이는 안 가고 멀리서 보면서 "조명탄 터트리고 있다"고 그리고, 주위가 TV에 나온 것처럼 뭐 헬기도 뜨고 구조선이 많다고…… 그러지 않았어요. 배도 몇 대는 있었는데, 그렇게 잠잠했어요. 잠잠했고 파도도 그렇게, 밤이니까 좀 쳤지만 그렇게 심하지 않았고. 그때 우리가 갔을 때는 거의 다 침몰하고… 위쪽만 좀 남았었어요, 그때 갔을 때.

면담자　　시간이 몇 시쯤이었어요?

휘범 엄마　　시간이 내가 진도 갔다 와[서], [침몰 지점에] 거기 갔다가 나오니까 한 3시 정도 됐으니, 새벽 3시 넘었으니까, 거기 있을 때가 밤 12시에서 12시 30분 정도 됐을 거예요. 정확한 시간은 모르겠고 12시 한 30분… 3, 40분 이랬던 것 같아요.

11

쓰러진 남편, 경찰 친구의 도움, 막말하는 언론과의 일화

면담자　　그 후에 진도체육관에서 굉장히 여러 가지 일을 겪으
셨을 텐데, 브리핑이라든가 진도대교에 가족분들 가신 거라든가 대
통령 방문 등등 일들 혹시 기억나시는 대로 이야기해 주시겠어요?

휘범 엄마　　애 아빠가 당뇨가 있었다고 그랬잖아요. 그날은 아
니었던 것 같고 진도대교를 걸어서 간다고, 진도군청 간다고 걸어
갔잖아요. 그때… 가다가 밀리고 비 오고 밀[치고] 그렇게 해서 결
론은 돌아왔잖아요. 그때 쓰러져 버렸어요, 와가지고. 계속 굶었고
약도 안 챙겨갖고 왔고, 그래서 저혈당인지는 모르겠는데 와가지
고 진도체육관에서 쓰러져 버렸어요. 제 앞에서 안 쓰러졌고 어디
서 쓰러졌는지 정확히 모르겠는데 진도체육관에서 그쪽에서 쓰러
졌나 봐 정확히 서 거기 강당에 체육관 안에 의료진이 있었잖아요.
너무 심하니까 약을 안 주더라고요. 안 주고 구급차를 대절을 해가
지고, 진도로 나갔는지 목포로 나갔는지 나갔대요. 나가서 거기에
서 검사를 하고 처방전을 받아갖고 약을 타 왔더라고요. 그건 나중
에 알았어요, 저는. 거기서는 몰랐고 나중에 일 터지고 난 다음에,
일 터지고 어지간히 올라왔을 때 말했던 것 같아요. 큰아빠가 이야
기했던 것 같아요. 그래서 나중에는 서울대나 그쪽에서 와갖고, 제
[가] 뒤에 있는데 처방전을 그때 내줬거든요. 가서 뭐 주사도 맞고
그랬던 것 같아요.

그리고 와서, 박근혜 이게 대통령이라고 왔고. 그때는 저희 큰 언니도 다 내려와 있는 상태였는데, 저는 그때 식음을 전폐를 하고 그런… 박근혜가 와갖고 들어간 것은 봤어요. 근데 그때는 그냥 쫙 뻗어 있었어요. 어떤 그런 상황이… 언니, 애 아빠 이렇게가 그렇게 하고 저는 그날 진도에… 팽목 갔다 왔잖아요. 그때는 팽목 그쪽에 그분들이 앉아 있을 수 있을 만큼 그런 쉼터라고 해야 하나, 그런 대피소 같은 게 없었어요. 그래서 그냥 진도체육관으로 다시 갔어요. 시댁 식구들이 다 왔거든요, 작은아빠도 다 오시고. 갔더니 벌써 양쪽으로 은박지를 깔아가지고 엄마들이 많이 앉아 계시더라고요, 누워 있고 있더라고요. 그래 가지고 저도 거기에다가 자리를 잡았죠.

저는 거기 있고 애 아빠는 계속 팽목으로 작은아빠, 큰아빠랑 왔다 갔다 하고. 그리고 뭐가 나오면 거기서 DNA 검사도 하고 그랬기 때문에 자리를 둘 다 비울 수가 없으니까, 저는 거기 있으면서 거기 화면, TV 좀 보고. 나중에 화면 하나 더 달아달라고 우리가 요구를 해서 진도 해역에서 배 실시간으로 계속 보고 있었고. 그리고 애들이 나왔잖아요. 막 나오기 시작을 하잖아요, 그런 거. 거기서 혹시, 인상착의를 내가 아니까. 왜냐하면 옷을 내가 싸줬고 옷을 입고 있는 것을 내가 알고 있기 때문에, 아빠한테는 내가 말을 했지만 그래도 화면에 나오면 내가 우리 아들을 얼른 찾아야 하니까. 처음에는 당연히 살아 있을 것이라 생각했고, 그러기 때문에 나오는 족족 데리고 간다는 생각으로 거기에 있었죠. 그래서 저는 계속 진도에 있었어요, 저는.

진도에 있다가 휘범이 찾기 전날, 너무 답답해서 버스가 10분에 한 번씩 팽목으로 갔었거든요. 버스 타고 팽목으로 갔죠. 제 친구가… 제가 전라도이다 보니까 전라도에 친구들이 좀 많잖아요? 전라도에 경찰 두 명이 있어 가지고 파견을 나왔더라고요. 여수 애도 하나 있고, 여수에 있는 애들이 그래 갖고, 한 친구는 사체검안실 앞에 사복으로 입고 친구가 거기 있었어요. 그래서 내가 너무 힘들어하니까, 걔가 출근을 하면 24시간 근무더라고요, 하루 출근하고 또 가더니, 올 때마다 저한테 오더니 "너, 오늘 너무 힘들면 팽목으로 오라" 그러더라고요, "자기 옆에 앉아 있으라"고. 그래서 하루는 가가지고 하루 종일 거기 그 친구 옆에 있었어요. 자기네들끼리는 교신을 하니까 카톡으로 "남자 시신 몇 구, 여자 시신 몇 구 들어온다" 요 정도까지는 알더라고요. 자기네들 그렇게 준비를 하더라고요. 구급차도 준비를 해야 되고, 그 안에도 준비해야 되니까 자기네들끼리는 카톡으로 주고받더라고요. 그래서 "야, 남자애 열한 구 온다. 좀 기다려봐라" 이렇게 말을 하면 옆에서 기다리고 있다가, 인상착의를 거기서 작성하잖아요? 그러면 "옷을 뭐 입었냐?"고 물어보길래 말하니까 "휘범이는 없는 것 같다, 없는 것 같다" 계속 그러더라고요.

면담자   친구분은 여자분이세요?

휘범 엄마   남자요. 초등학교, 중학교 동창이에요.

휘범 엄마 신점자

면담자 네. 팽목에도 자주 왔다 갔다 하셨어요? 10분마다 오는 차 타고?

휘범 엄마 네. 그리고 올 때는 나오려고 하니까 되게 열악했어요. 차가 원래는 9시 반인가가 막차라고 했어요. 근데 8시에 끝나버렸어요. 그래서 나올 수가 없는 거예요.

면담자 그쪽에서 공지를 잘못한 건가요?

휘범 엄마 아니요. 원래는 9시 반까지 했는데, 돈을 자기네들이 못 받아서 그런지 어쩐지 모르겠는데 8시에 끝나버린 거예요. 나는 진도를 가야겠는데, 거기에서도 가려면 한참 가야 되거든요. 팽목에서도 진도체육관을 가려면 차를 타고 한참을 가요. 10분에서 15분 [만에] 갈 수 있는 거리가 아닌데, 그리고 시골이다 보니까 차도 없어요. 근데 방금 막차가 가버렸대요, 8시 차가. "아니 9시 반까지인데" 그랬더니 밤에는 텀이 좀 길더라고요, 30분에 한 대씩 있나 봐요. 그랬더니 연락을 하더라고요. 그랬더니 "어떡하지? 차가 없다고 한다"고 하더라고요. 그때 국민일보 차가 나가려고 두 분이서 걸어가더라고요. 그때 제가 팽목에 우리 시누이랑 같이 있었거든요, 그래서 이야기를 했죠. 그랬더니 그분들이 태워다 줬어요.

면담자 나라에서 준비한 차는 끊어졌고.

휘범 엄마 네.

면담자 혹시 인터뷰나 그런 것도 하셨어요?

휘범 엄마　　　첫날에… 4월 16일 말고 17일 아침에, 아침이었던 것 같아요. 4월 17일 아침에, 앉아 있는데 물어봤었어요. 근데 나는 그때도 잘못될 거라고 생각을 않고, "제 핸드폰에 이렇게 이렇게 왔다". 근데 그걸 나중에 보니 MBC더라고요. 그리고 MBC에서 인터뷰했고요, 그리고 나중에 얼마 전에도 계속 인터뷰한 데는 MBC였던 것 같아요.

면담자　　　목포 MBC요, 아니면?

휘범 엄마　　　아니요, 서울. 그때는… 그래서 그거 보고 사람들이 알아갖고 연락이 많이 왔었어요. 얼굴은 가렸는데 얼굴은 안 나오게 하고 했는데, 말투가 목소리가 (면담자 : 지인들이 아니까요) 네, 그래 가지고 연락이 오고 카톡으로 왔죠, 전화를 못 받으니까. 왔었고, 안산 아닌 데 우리 친구들도 그거 보고 알고, 막 그렇게 연락이 좀 왔고요. 그리고 한번은 안산에[서] 친구하고 동생이 왔었는데 진도체육관 앞에 식당이 쫙 되어 있었잖아요, 자원봉사자들도 굉장히 많았고. 근데 내가 밥을 계속 못 먹고 있으니까 우리 시누가 그 친구들한테 "제발 얘 좀 데리고 가서 밥 좀 먹이라"고 그래서 밖에 나갔어요.

　　밖에 나갔는데, 우리 옆에가 지금 생각해 보면 연합TV였던 것 같아요, 정확하진 않은데 연합TV였어요. 거기에 기자분도 있지만, 거기에 기계 담당하고 하시는 분들이 많잖아요. 그분들도 거기 상주를 했잖아요. 그 사람들이 [우리가] 유가족인지는 모르고, 그때 당시에는 유가족은 아니었지만, 자기네들끼리 말을 하는 거를… 우리 바로 옆에서 "야, 여기 되게 좋아. 뷔페야 뷔페. 여기 밥 아침에는 뭐 주고…" 그때 아침에 카레가 나왔나 봐요, 아침인지 점심인지 모르겠는데 카레가 나왔대요. "지금은 소머리국밥이잖아. 여기는 골라 먹을 수가 있어" 그렇게 이야기하더라고요. 이러는데 내가 딱 밥을 아직 안 먹었고, 밥을 하도 애들이 먹으라 그래서 밥을 떠와서 먹으려고 하는데, 걔네들이 아니, 그분들이 세 명이 앉아갖고 "아까 카레는 있잖아 좀 짜더라" 자기들끼리 이렇게 하더라고. 근데 그 옆에 저쪽 모서리 쪽에 앉은 분이 기자였나 봐요. 그분이 얼굴 낯이 많이 익어요. 연합TV 뉴스에서 하는 분이야. 근데 그분이 저를 본 거예요, 저기에서. 내가 숟가락을 내려놓고 쳐다보고 있으니까 그분이 나를 봤나 봐요. 그러면서 이렇게 "아휴, 조용히 하시라"고 인제 그러더라고요. 그래서 내가 그랬죠. "아저씨들 여기 식사하러 왔냐"고, "아저씨, 자식들이 여기 생사를 모르고 이런 와중에 여기에서 밥이 뷔페니, 짜니 싱겁니, 여기는 아무거나 골라 먹을 수 있다는 말이 여기서 나오냐"고, "해도 너무 하시는 거 아니냐"고. "여기에 자식이… 지금 내가 당사자가 아니어도, 설사 그런 생각을 하고 계셔도 여기서 그런 말씀을 하시는 건, 그게 맞다고 생각하시냐"고. "어른이시면서 자식이… 연세를 보니까 자식이 다 있을 것 같은데, 그래도 하실 말씀이 있고 안 하실 말씀이 있다고. 그런 말씀하시면 안 된다"고 그랬더니, 그 사람들이 뻘쭘뻘쭘 이러면서 "죄송합니다" 하고 가버리더라고요. 근데 이분이 저한테 왔더라고요. 그러면서 "정말 죄송하다"고 "저분들이 하지 말아야 될 이 야기를 저렇게 했다"고, "너무너무 죄송하다"고 그러더라고. 그래서 내가 "아니, 아저씨 같으면 어떻게 생각하겠냐"고. "지금 여기에서 반도 지금 못 찾고 있는 상황에서 저런 말을 하면 안 되지 않겠냐"고 했는데, 밥을 못 먹었어요. 한두 숟갈은 먹었는데 못 먹었어요. 친구들도 얘네들도 "하실 말씀 있으면 골라서 해야지". 얘네들은 말을 좀 심하게 "그렇게 하면 안 된다"고 그랬어요. 그리고 내가 걔네들 밥 먹을 동안에, 얘는 또 안산에서 왔으니 막차 타고 올라가야 하니까 먹으라 그러고 나는 물만 계속 먹고, 제가 진도체육관에 들어가니까 이분이 저를 따라오셔서 갖고 제 자리를 인제 알아났나 봐요.

그다음 날 아침이 됐어요. 나한테 와갖고 무릎을 딱 꿇더라고요. 그날도 그랬어요, "미안하다"고, 와갖고 "죄송하다"고 했는데, 그다음 날 아침에 와가지고 무릎을 딱 꿇으면서 "어제 일 사과드린다"고 "죄송하다"고 "정말 죄송하다"고 그렇게 말씀하시더라고요. 그리고 난 다음에 좀 있다가 고개를 들어서 봤더니, 2층에서 계단에서 카메라를 누가 들고 있고 기자더라고요, 방송을 하고 있더라고요. 그래서 제가 알았어요. YTN인지, 연합TV였던 것 같아요, 정확히는 잘 모르겠어요. 그랬던 것 같아요.

면담자   인터뷰를 해달라고 그쪽에서 하거나 그러지는 않으셨어요?

휘범 엄마   아니요, 거기는 지금 자기들이 잘못을 했기 때문에. 그 전에 MBC에서는 했고요, 그랬어요.

면담자   아버님은 거기서 어떻게 계셨나요?

휘범 엄마   진도체육관에서 애 아빠는 잠을 못 잤어요. 계속 팽목에만 있었던 것 같아요. 왔다 갔다 하고, 나 챙기느라 바쁘고, 그 다음에 우리 큰아빠가 좀… "배를 어디서 빌려가지고 우리가 좀 타고 들어가 보자" 그렇게, 그쪽이 연고다 보니까 아시는 분이 많으니까 그랬더니, 애 아빠가 "그렇게는 하지 말자. 다 같이해야지 어떻게……". 그리고 기름이 없다고 핑계를 대고 배를 안 띄워줬잖아요. 그래서 "우리만 가는 것도 말도 안 되고, 다들 궁금해 하는 상황에 어떻게 우리만 가냐? 좀 기다려보고 여기서". 이제 그분들 거기서 브리핑하고, 팽목에서도 계속하던 곳 거기에서 있고 그랬어요. 전 진도에서 있었고.

12

공권력에 대한 인상과 기억

면담자   체육관에 정체를 알 수 없는 사람들도 많았다고.

휘범 엄마   사복경찰이 굉장히 많았어요, 굉장히. 저는 몰랐는데 화장실 가거나 그러면 귀에다 꼽아가지고 귀 뒤로 줄 있잖아요? 그런 게 굉장히 많았고요. 한번은 우리 반 어떤 아빠가 거기에서 또 좀 이상한 말을 하니까 그 아저씨가 "카메라 다 치우라"고 카메라도 파손하고 그랬어요. 그러니까 우리들의 일거수일투족을 다 졸졸졸졸 따라붙으니까, 어디 못 가게 막기도 하고 이러니까, 인제 진도군청 갈 때도 진도대교 건널 때도 걔네들이 반대를 했는데 걔네들이 막았잖아요, 그 일행들이에요. 보니까 남방을 비슷하게 입고 오더라고요, 그 사람들은. 그래서 그 사람들이 우리를 그때부터 "저 사람이 좀 앞에서 활동한다" 그러면 그때부터 사찰을 붙기 시작했어요, 그때부터 붙었어요.

면담자   진도대교에서 막았다고 하시는 것 좀 자세히 이야기해 주세요.

휘범 엄마   그때는 저는 안 가고 애들 아빠가 갔거든요, 걸어서 갔잖아요. 걸어서 갔는데, 그 경찰하고 사복경찰들이 아에 그냥 못 가게, 계속 걸어가는 행진 자체를 막았고 산으로 올라가려 해도 막았고, 긍게[그러니까] 이게 폭력적으로 했어요, 폭력적으로. 우리도 악에 받쳐 있으니까 가야 되니까, 자기들도 이제… 이름이라든지 그런 걸 다 공개하지 않는다는, 사복이니까 예를 들어서 유가족인 척하고 밀어도 알 수 없는 거잖아요? 그래서 우리는 가서 면담을 요청을 해갖고 해야 되겠다 하는데, 그 자체부터 막았기 때문에 그 전에부터 다 계획이 되어 있던 것 같아요. 그리고 유가족끼리 싸우게끔 만들었고, 유가족끼리. 그분들이[을] 우리가 모르잖아요, 저 사람이 유가족인지를 모르니까… 나중에 알고 봤더니 유가족하고 유가족이 싸우고 있어요, 걔네들 때문에.

　　앞전에 돌았던 것 보니까, 우리 반 아저씨하고 우리 반 아줌마 아저씨하고 싸우고 그런 게 돌더라고요. 그분이 모자를 썼는데 일본 순사 모자를 쓰니까 '저 사람이 우리 그게 아니고 저쪽'이라고 생각을 해갖고 싸웠는데 알고 보니 우리 쪽이었어요. 우리 유가족이어도 마음이 다 다를 수도 있는 사람도 있을 수 있잖아요. 근데 그때 당시로는 다르면 안 되는 거였는데, 그때 당시로는. 얘네[아이]들을 우선 찾는 것, 구출하는 거가 1순위였는데. 또 그중에서 한 사람 같은 경우는 '윗선을 믿자, 기다려보자' 하는 사람이 있었을 거 아니에요. 그러니까 어떤 사람이 "이만큼 기다렸으면 됐지" 그리고, "생존자가 있다고 카톡이 왔다"고 그랬잖아요. 거기에 있는 엄마, 아빠들은 또 얼마나 피가 말라요. 그러니까 "지금 이걸 산소도 부족할 텐데 빨리빨리 해야지". 민간 잠수사들도 다 돌려보내, 맨 처음에 돌려보냈잖아요. 돌려보내고 그랬는데 "지금 어디까지 언제까지 기다려야 되냐"고 그런 상황이, 반끼리 조금 그런 게 있었어요.

면담자　　　국정원이나 이런 데서는 그런 적은 없다고 이야기를 했는데, 혹시 어머님께서 직접 보신 케이스가 있었나요?

휘범 엄마　　직접 봤다고 하는 것은 모르지만, 우리가 예전에, 언제였지? 우리 진도인가 갔다 올 때도 사복경찰이 달라붙어 있었고요. 그리고 딱히 뭐라고 말은 못 하겠지만… 없을 수는 없었고 굉장히 많았어요, 많았고. (면담자 : 진도체육관에) 네, 진도체육관에.

그때부터 얘네들 통화 목록 다 지워버렸고, 그때부터 우리 정보가 다 나갔고. 그리고 저는 뭐가 있냐면, 제가 우리 반에서 그때 저기 본부라 그래야 되잖아요. 본부에 선생님들이 쫙 있었잖아요. 저는 그 선생님들도 이해를 못 했어요. 왜 그러냐면 얘네들이 크니까 전화번호를 좀 틀리게 적었던 경우도 있더라고요. 우리 그 "부모님 전화번호 적어 오라" 그런 거 하잖아요? 그거를 좀 빼달라고 했어요, 가서. 왜 그러냐면 우리 반끼리 모여야 하는 상황도 있고, 전화번호를 교류를 해서 우리 반끼리 회의를 해야 하는 상황이 있는데, 그것을 뽑아달라고 하니까 계속 미뤘어요. "네, 이따가 오시라"고 "좀 이따 오면 해주겠다". 근데 이따 갔는데 안 해줬어요, 그다음 날에 갔는데도. 왜 그랬냐면 우리가 전화해 보면 전화번호가 틀리더라고요, 가지고 있는 걸 갖고 볼펜으로 다 수정을 했어요. "이것을 수정해 줄 수 있냐?"고 그랬더니 "이리 주라" 그러더니 안 줘요. 안 주고 안 해줬어요. (면담자 : 왜 그래요?) 결론은 안 해줬어요.

선생님들도 우리 쪽에 호의적이진 않았어요, 내가 봤을 때는. 물어보면 대답도 회피하고 그랬던 것 같아요. 그래서 우리가 4반을 다 모이라고 해가지고 4반 모여서 전화번호 주고받고, 우리끼리 회의하고 이렇게 했었거든요. 그때도 다른 사람한테 부탁했던 것 같아요, 전화번호. 그래서 거기서 밴드를 만들었거든요, 우리가.

면담자   4반 선생님이?

휘범 엄마 신점자

휘범 엄마   생존자예요.

〈비공개〉

13
반별 모임과 회의가 꾸려지기까지

면담자   반별 회의가 처음 시작되었을 때 혹시 기억하세요?

휘범 엄마   팽목에서, 아니 진도에서 우리 반끼리 모였다고 했
잖아요. 4반 연락처를 제가 가서 달라고 맨 처음에 한 것 같지는 않
고 우리끼리 "4반 모이라" 해갖고 모였었는데, 우리가 연락을 해야
되잖아요? 연락을 해야 되고 하니까 지금 상황이 안 좋으니까 밴드
를 만들자고, 제가 밴드를 만들자고 해갖고, 그 자리에서 4반 모이
는 족족이 거기 뒤쪽에 모여서 밴드를 가입을 했어요. 그래서 제가
다 초대를 했죠, 우선 있는 대로. 있는 대로 초대를 하고 그래서
"우리가 우리 반 회의 좀 하자" 그러면 모이고, 모이고. 우리 반이
맨 처음 시작이 돼서 밴드를 만들어서, 옆에 반이 3반이었던 것 같
아요. "저도 좀 끼워주면 안 되냐?" 그래서 "우리는 4반 모임이니까
너네 반도 만들어라" 그렇게 해서 다 밴드를 만들기 시작했어요.

    (면담자 : 반마다 모두) 네, 그래서 "잠깐 회의 좀 하자" 해갖고 모
이고, "뭐 하자" 해서 모이고, 우리끼리는 교류를 해야 되니까. 열
반을 만나려 하면 너무 힘들고 하니까 네 개 반을, 자기 반마다 만

들고. 이제는 우리끼리 뭉쳐야 되는 상황이니까, 이렇게 되었다가는 큰일이 날 것 같으니까, 거기에서 찾아간 애들은 별도로 찾아간 애들대로 표시를 하고, 아직 못 찾은 애들은 또 못 찾은 대로 거기 있고, 그렇게 해서 계속 주고받았지요.

면담자　　　4반 모임은 주도를 어머님이 하셨어요?

휘범 엄마　　그때 반 대표는 어쩔 수 없이 남자가 좀 있어야 되니까 정무 아빠가 했고, 그다음에 제가 했는데 거의 제가 했죠. 그리고 찾아갔고 올라온 다음에도 덜 찾아갔고 온, 우리 반은 생각보다 물론 5월 초까지 해서 우리 반의 요한이가 가장 나중에 나왔는데, 찾아갔고 올라와서, 우리는 이제 가족 대기실이 만들어졌잖아요. 텐트로 만들어졌을 때, 계속 나갔죠. 다 나왔어요.

　　나와서 우리 4반 모임을 계속하고, 그리고 천만인 서명운동도 저희 반에서 "우리가 서명을 받자" 그래서 우리 반에서 의견이 나와가지고 위에다가 제안을 해서 하고, 그다음에 분향소 맨 처음에는 저희가 휘범이 찾아갔고 왔을 때는 '올림픽기념관'에 분향소가 있었었어요. 근데 이렇게 옮기고 난 다음에, 우리는 인제 사진만 이쪽[정부합동분향소]으로 옮겼어요. 그래서 이쪽 분향소에서 마스크 끼고 피켓 시위부터 해가지고 저희 4반이 굉장히 활동을 열심히 했었어요. 굉장히 월등했어요, 4반은. 그래서 다 그랬어요, 무적 4반이라고, 거의.

면담자　　　그 반 모임이 시작된 이유가 뭐예요?

휘범 엄마   찾았던 애들, 못 찾았던 애들, 또 '어떻게 행동을 해야 되나', 우리 애는 찾았는데 합동 영결식까지는 생각도 못 했고 우선 애들을 보냈잖아요. '진상 규명'이란 단어가 그때 당시에 나왔는지는 모르겠는데, '우리 애들이 이렇게 되었으니까 우리 애들이 이유도 모르고 이렇게 죽었는데 우리가 가만히 있을 수 있냐? 우리는 그 이유를 알아야 하지 않겠냐?' 그것 때문에 모여서 반끼리 모여서 또 회의를, 10개 반이 모여서 회의를 하다 보니 이렇게 크게 된 거죠.

면담자   누가 반별로 모이라고 한 건가요? 아니면 자발적으로?

휘범 엄마   자발적, 맨 처음에는 자발적이었어요. 1반이 만들고 나니까 2반이 만들고, 2반이… 차곡차곡 만들었잖아요. 거기에다 반 대표를 뽑았잖아요. 그러면 반 대표를 뽑고 난 다음에 반 대표들끼리 모여서 이렇게 하다가 크게 크게 다 모임이 잘된 것 같아요.

면담자   네, 어떤 회의, 안건 같은 거 기억이 나세요?

휘범 엄마   그건 그때그때마다. 우선 처음에는 배를 인양을 해야, 애를 찾아야 된다는 거. 그다음에 우리 애들은 그때 당시로도 다 뿔뿔이 흩어졌잖아요? 그냥 부모님에 의해서 다 갔는데 나중에 알고 봤더니 장례식장마다 좀 틀렸더라고요. 장례식장에서 "여기 여기 있으니까 이쪽으로 가실[지] 둘 중에 말을 해라" 뭐 이렇게 했더라고요. 처음에는 "우리 애는 여기 있는데, 우리 애는 여기 있는데" 이렇게 된 거예요. "여기에도 이런 게 있어?" 이렇게 하다가 그런 것도 이야기도 나오고, 우리 애들 한데 뭉치는 거는 좀 나중에 나왔지만.

그때는 진상 규명이었죠. 이 모든 사람들이 TV에서, 우리가 인제 나오는 족족이 우리가 올라왔잖아요? 집에 와서 TV를 틀어놓고 보면 전혀 맞지 않는, 우리가 진도에서 있었던 일은 전혀 안 나오고 다른 이야기만 나오니까 "아, 이것은 윗선에서 뭔가 계략이 있었다". 그리고 그때 당시에는 유병언이 없어져서 유병언이 금세 다 아주 찾을 수 없을 만큼 다 그렇게 되었잖아요? 그러니까 "이거는 다 계략이 있었고 위에서 우리들을…" "배가 오래되었으니까 이 배를 침몰시켜 가지고 보험금을 많이 받는다" 뭐 이런 말도 나왔었기 때문에 "우리는 이거를 원인을 파악해야 되겠다" 해갖고 만났죠.

면담자   체육관에서요, 반별 모임은 날마다 한 건가요?

휘범 엄마   다른 반은 모르겠고요, 저희 반 같은 경우는 날마다는 아니었던 것 같아요. 그때그때 만났고, 그다음에 또 인원 취합을 해 [가지고] 거기에서 뭘 나눠줘야 하는 상황도 있었고, 그다음에 뭘 물어보면 거기에 대해서 직접적으로 물어봐야 되니까. 근데 대기석에서 누구 전화번호도 틀렸다고 했잖아요? 그래서 처음에는 한 3, 4일 만에 반의 밴드를 만들기 시작했고, 그다음에는 두 번도 만난 적도 있었고요, 하루에. 한 번도 안 만난 적도 있었고 그랬던 것 같아요.

면담자   그때그때 필요할 때마다 연락을 하신 거군요 휘범 엄마   네, 그때그때. 그리고 뭐 "누구 찾았죠? 누구 찾았죠?" 그런 거 있잖아요, 우리는 모르니까. 거기가 반이 안 나오잖아요. 그러면 같이 이렇게 진도체육관에 누워 있다 보면 "몇 반이에요?" 그러면 여기에서 "몇 반이다, 몇 반이다" 그러면 "어, 나도 같은 반이다" 이렇게 해갖고 알게 되었기 때문에, "누구는 찾아갖고 올라갔어요" 이렇게 해갖고 하나하나 정보를 모았죠.

14
휘범이를 다시 만난 날

면담자   네. 그러면 이제 휘범이가 나온 날은 언제인가요?

휘범 엄마   4월 23일 날, 8일째 되는 날 아침에 나왔어요. 아침에 화면에, 9시 정도에 화면이 뜨더라고요. 제가 말한 대로 그대로 옷을 입었더라고요. 내가 생각하고 "이렇게 입고 자라"고 했던 옷, "체육복 같은 것 입고 자라"고 했으니까 면 티에다가, 그렇게 입고 잤었어요. 그래서 맨 처음에 DNA 검사를 아빠만 했었어요. 근데 한 2, 3일 지나니까 너무 [아이들 구조 상황이] 저조하고 하니까 "엄마가 더 정확하다, 엄마 것도 해라. 양부모들 다 해라" 해서 저도 했거든요.

근데 딱 나오는데, 옷차림이 나오는데 우리 아들이더라고요. 딱 옷을 그… '남학생 추정' 하고 나오는데 딱 우리 아들이에요. 그래서 본부석으로 달려갔죠, DNA 검사하는 쪽으로 달려갔죠. 갔더니 사진을 보여주더라고요. 거기에서 맨 처음에 찾으면 구명보트에서 사진을 다 찍더라고요. 다 찍고… 그때는 깨끗하지 않은 상태예요, 막 찾았을 때. 근데 보니까 우리가 명찰을 하나씩 줬거든요, 목에다 걸 수 있는 큰 사진, 학생부에 있는 그 사진. 그거를, 그 사진을 좀 확대를 하니까 좀 깨지잖아요, 여기다 이렇게 해갖고 줬어요. 근데 그분이 카메라를 보더니, 거기서 사진을 찍으면 이쪽으로 보내더라고요, 그러면 거기에다가 놔두니까 [그분이] 이렇게 보더니, 이 사진하고 내가 매고 있는 사진하고 틀린 거야. 틀리니까 "아닌 것 같다"고 그러더라고요, "아닌 것 같다"고. "내가 맞다"고 그랬더니, 저희 시누랑 같이 거기 갔거든요. 시누한테 "한번 보실래요?" 그러더라고요. 그래 갖고 "내가 본다"고 우리 고모가, 그런데 "어머님은 보지 마시고" 그러면 "누구냐"고 해서 "고모"라고 하니 "고모가 들어와서 보라"고 그러더니, 우리 시누가 "맞다"고 그랬는데, 아니면 고모가 "맞는 것 같아요" 이랬어요, "맞는 것 같아요". 그러면 "아, 이러면 안 된다"고 그래 갖고 "재 엄마인데 뭘 못 보겠냐"고 "내가 볼게요" 하고 갔더니 우리 휘범이더라고, 휘범이야.

피가 머리에도 있고 부딪혀 갖고, 물이 차니까 배 안에 방에 있었으니까 물이 차잖아요? 그러니까 머리 위에다 집기류가 무너지고 했을 거 아니에요. 이런 데다 피가 있고 그러더라고요. 근데 휘범이가 맞았어요, 맞고.

그리고 난 다음에 짐을 싸갖고 팽목으로 갔죠. 팽목에 인제 가

80

니까, 11시 15분 정도면 도착을 한대요, 팽목항에. 근데 저 안에서 구급차에 태우기 전에 장의사가 깨끗하게 닦아가지고 이렇게 싣는다고 하더라고요, 예쁘게 머리도 빗어주고 하고. 12시가 넘어서 본 것 같아요, 정확하게 기억은 안 나는데 12시 넘어서 봤는데…

그때부터, 그날 아침에는 괜찮았는데 그 전날 나온 애들은 괜찮았는데, 우리 때부터는 못 데리고 가게 했어요. DNA 검사를 해서 DNA 검사가 맞아야 데리고 갈 수 있게끔 못 데리고 가게 하더라고요. 근데 그 전에 바뀌어버려서, 두 명이나 바뀌어버려 가지고 "안 된다"고 해갖고 30시간은 기다린 것 같아요. 우리 휘범이가 4월 23일 날 나왔는데 9시 몇 분에 나왔다고 했잖아요? 근데 아침 9시에 나왔는데 4월 24일 날 오후 5시에 데리고 나올 수 있었어요.

면담자　그때까지 계속 팽목에서 기다리신 거예요?

휘범 엄마　아니, 팽목에는 저기 천막 쳐 있는 데는 기존에 있는 어머님들이 있기 때문에 제가 가서 누워 있거나 앉아 있을 수 있는 자리가 없어요, 거기는. 그래서 다시 진도로 갔어요. 거기 내가 그날 친구가 경찰이어 가지고 휘범이 찾기 전날 갔다고 그랬잖아요? 굉장히 시끄러웠어요.

근데 거기서 보니까 냉동창고를 만들고 있더라고요. 저녁 내내 만들었어요, 하루 종일 내내. 그래서 거기에다가 냉동창고를 90구를 만들었나, 180개를 만들었어요, 내가 알고 있기로. 그래서 내가 그랬어요. "여기에 만드는 것 반만…" 그 90이란 숫자가 여기에 만드는 거 반만, 90개였나 봐요. "반만 안산에다 만들어주면 안 되냐"
고. "DNA 검사를 해가지고 결과를 받는 것은 안산에서 받아도 되
지 않냐. DNA 검사 결과를 받아서 여기서 이렇게 기다릴 필요가
뭐가 있냐. 안산으로 데려가서 애기 있는 고향으로 데려가는 게 맞
지, DNA 검사 결과 나올 때까지 여기서 이러고 있어야 되냐"고 그
랬는데, 안 돼요.

그날 안기부[국정원]에서 와가지고 우리 고모부가 난리를 쳤어
요. 이거 "왜 내가 내 새끼 맞다는데 왜 못 데리고 가냐!" 우리 고모
부도 뭐라고 하고 주위 사람도 다 뭐라 그랬어요. 그랬더니 하도
엄마들이, 부모들이 난리를 치니까 이런 종이를 주면서, 이 애가
내 애기라는 것을 확신할 수 있는 것을 쓰래요. 그러면 보내주겠다
는 거야. 근데 우리 휘범이는 다친 데도 없어요, 이렇게 말하면 안
되지만. 어떤 사람은 어떤 애는 지갑에서 엄마 체크카드가 나왔고,
자기 학생증이 나왔고, 그리고 뭐 반지를 꼈다고 말을 하고, 자기
가 보여주기 전에… 그리고 뭐 쇠를 박았대요, 손에다가. 그러니까
데리고 가는 거야, 몇 명은 데려왔어요. 그리고 금이빨을 뭐…. 우
리 휘범이도 이빨에 보철 치료를 치료했는데 이 색깔로 했거든요,
이빨색으로. 그리고 우리 휘범이가 이쪽에 점이 굉장히 큰 게 있어
요, 이렇게 때처럼. 그리고 인제 고추 옆에도 이렇게 뭐 있었는데,
아니래요. (면담자 : 그걸로는 확인이…) 안 된대요. 여기 점이 정말
컸는데… 누가 주위에서 그러는 거예요, 바닷물에 오래 있으면 점
이 없어진대요. 또 그 말도 믿기는 거야. 막 그랬는데 "우리 아들

여기 점이 있어요" 그랬는데 "없어요" 그러면, 아닌 거잖아요. 그러면 말을 차라리 안 하는 게 나을 거 같아 가지고… 기다렸는데, 기다렸어요.

"안 된다"고 "결과 나올 때까지 안 된다"고 그래 가지고 다시 저는 진도체육관으로 갔죠. 근데 내가 앉았던 자리에 어떤 분이 왔더라고요. 그날 굉장히 많이 나왔어요, 애들이. 근데 내가 누워 있던 자리에 거기에 갔던 우리 유가족 중 한 분이 오셔갖고, "이 자리가 좋은 것 같다"고 "빨리 나온다"고. 그때 당시로는 사망자로 안 나오기를 간절히 바랐지만, 나중에는 못 찾을까 봐 그런 두려움 때문에 "우리 애기 나왔으면 좋겠다"는 거예요, 부모 마음이. 그랬는데 내가 앉았던 자리에 그 전의 사람이 [아이를] 찾아갖고 갔거든요. 그래서 그쪽으로 가니까, 또 가서 찾으니까 어떤 사람이 "이 자리가 좋은 자리 같다"고, 그 사람이 우리 자리로 왔어요. 그래서 내가 가니까 인제 위로 다시 올라가더라고. 그러면서 "왜 왔냐"고 하니까 "이제부터는 DNA 검사를 해서 일치해야 데려갈 수 있다"고 그랬다 그랬더니 또 난리가 났죠.

그래서 그다음 날, 저는 DNA가 불일치할 것이라고는 1도 생각을 안 했구요. 근데 이제 마음은 정말 아팠는데, '우리 휘범이 나오게 되어서 너무너무 고맙다'는, '내가 휘범이를 데리고 갈 수 있어서 고맙다'는 그 생각만… 저기 있는 사람들은 나를 부러워하니까. 그래서 [검사 결과를 기다리고] 있었는데, 그다음 날 오후 한 4시나 됐을 거예요, 아마. 정확히는 생각이 안 나는데 "일치한다"고 연락이 됐다고 우리 애 아빠가 그래서, 팽목으로 오라 그러더라고요. 그래서 짐은 안 풀었었거든요, 들고 팽목으로 갔죠. 팽목에서 출발했어요.

면담자   4월 23일 전날에도 팽목 가서 친구 경찰분이랑 같이 있었다고 하셨잖아요. 그 휘범이를 만나기까지 기다리던 상황과 느낌에 대해서도 좀 기억이 나시나요?

휘범 엄마   처음에 갔을 때는, 4월 16일 날 갔을 때는 생존자 명단에 없었으니까 '이것[명단]은 안 맞을 거'라고 생각을 해서 '살아만 있어만 달라'고 그런 기분이었고. 그리고 이제 정말 피가 바짝바짝 말랐죠. 그 안에 어떤 애는 생존자가 있다고 [그러지], 어디 '주방에 있다' 이렇게 카톡도 왔는데 거기에도 우리 애가 없으니까. 그리고 '그렇게 가기 싫어하던 애를 내가 어거지로 보냈다'는 죄책감과 미안함에 되게 힘들었어요, 미안했고. '그렇게 안 간다고 했는데 내가 왜 어거지로 보냈을까?' 그런 생각. 하루, 이틀은 '우리 휘범이는 별일 없을 거라고. 인제 나올 거다'라고 생각을 했다가, 애 아빠가 3일째 되는 날 밖으로 저를 부르더라고요.

15
많은 사람들과 함께 휘범이를 보냈지만, 집에 가기 두려웠던 마음

휘범 엄마   근데 애 아빠가 되게 힘들게 말하더라고요. "휘범이가 살아 있을 것이다. 살아 있을 거지만 너하고 나하고는 이제 정신을 똑바로 차려야 된다. 살아 있지만, 또 그렇지 않은 것도 생각을 해야 한다, 우리는 부모니까. 막상 나왔을 때 우리가 정신을 놔 버리면 안 된다고. 우리는 휘범이가 살아 나오든 잘못돼서 나오든 우리가 정신을 바짝 차려야 되니까, 이제 너 정신 바짝 차려야 된다"고. "정말 아픈 소리인지 모르겠지만 휘범이가 인제 나오면, 살아서 아니고 잘못되어서 나왔을 때 어떻게 할 것이며, 그것은 냉정하지만 생각을 해야 할 것 같다"고. "와서 어디로 데려갈지 우왕좌왕해 버리면 그건 휘범이한테 너무 힘든 그거니까, 이제 우선은 찾아갖고 우리가 가야 되지 않겠냐. 가자. 찾아갖고 가는 거로 하고, 휘범이가 잘못되었을 때 어디에다가 놓고 싶냐?"고 물어보더라고요. "네가 원하는 대로, 휘범이가 외갓집도 좋아했으니까 외갓집으로 가자고 하면 외갓집으로 데리고 갈 것이고" 뭐 말을 하더라고요. 외갓집 가면 수목장으로 생각을 했죠. 수목장을 생각했어요, 수목장. "수목장을 하자" 그래 갖고 수목장을 했는데, 나중에 알고 봤더니 우리가 찾을 때에는 수목장이 없었더라고요, 그 전에는 한두 명이 했었는데.

그랬는데 아까 5반에 건우라고 있었잖아요, 작은 건우. 작은 건우를 조금 빨리 찾아서 갔어요. 근데 그 작은 건우하고 엄마 아시는 분이 저랑도 좀 아는 언니가 있어요. 근데 그 언니가 일주일 와서 여기서 계속 있었거든요, 친구니까 왔는데. 우리 휘범이를 찾았는데 그 언니가 전화가 왔더라고요. 찾기 전에 "미안해 휘범아, 나는 건우를 찾아서 올라왔는데 너가 눈에 밟혀가지고……" 이야기

85
•
1회차

를 하더라고요. 그러면서 "건우 보내고 왔다"고, 장례 치르고 왔다는 소리예요. 그러면서, 그때는 내가 못 찾았을 때였거든요, "우리 건우는 효원으로 보냈어" 이 말을 한 게 내가 안 잊어먹었나 봐요. "효원으로 보냈어" 이랬는데, 내가 효원이 어디 있는지 모르거든요? "효원에 꽃이 많고 되게 좋더라. 우리 건우가 되게 좋아할 것 같아" 이 말을 하더라고요, 건우 언니 친구 언니가.

그래서 휘범이가 나왔잖아요. 그래서 갔는데 9일째 되는 날 밤에, 8일째 나왔는데 안 돼서 9일째 됐잖아요. 9일째 밤에 거기서 5시에 출발을 하니까, 안산에 오니까 9시 한 30분 되었더라고요, 밤에. 근데 자리가 없어요. 휘범이를… 그때 애들이 너무 많이 나오다 보니까 22, 23[일] 막 이때[여서] 장례식장이 없었어요, 그래서 시화로도 가고 막 그랬거든요(침묵). 근데 그 전에 우리 오빠가 여기에서 거기 아시는 분이 있어 갖고 "우리 애기 올라온다, 오늘 올라온다" 했는데, 미뤄져서 내일이 되어버렸잖아요? 자리를 잡아놨어요. 그래서 갔더니 자리는 없고, 또 하루를 안치를 시켜야 한대요. 그래서 그날 저녁에는 또 냉동고로 갔죠.

그리고 휘범이 찾았을 때, 이제 기다리다가 휘범이 인적사항 보고 휘범이 왔을 때, 사체검안실을 들어오라고 해요. 사체검안실에 들어오라고 했는데 우리 큰아빠가 저는 못 들어오게 하더라고요. 그래서 내가 아니라고 "나, 들어갈 거다"고 그래서, 아빠하고 큰아빠하고 들어가고 난 다음에 1분 정도 있다가, 저하고 작은시누하고 들어갔죠. 그랬는데 휘범이가 맞더라고요, 맞고. 사람마다 애기를 보면서 '평온했다, 어쨌다' 느끼는 게 있잖아요. 근데 저는 휘범이를 봤을 때… 그냥 잠자는 것처럼 그러고 있었는데, '엄마 나 되게 힘들었어' 그런 얼굴이었어요, 제가 느끼기에. 그래서 더 미안했죠. 가기 싫어하는 애를 억지로 보낸 거에 대해 미안했는데, 누워 있는데, 눈을 감고 누워 있는데 '엄마 나 되게 힘들었어' 그런 얼굴이었어요. 그래서 더 마음이 아팠고… 마음이 아팠어요. 사진상에 봤을 때도 양말은 벗어서 가방에 넣었더라고요, 미끄러우니까. 그래서 그대로 있던 모습대로 그대로 나왔더라고요. 그리고 뭐… 손가락 같은 게 손톱이 보라색으로 다 색깔이 변했고, 나오려고 부단히 노력을 한 것 같아요. 그런데 뭐 정확히 만져보지는 않았지만, 다리나 뭐 팔이나 다 괜찮았어요. 저는 그렇게 읽었어요, 그냥….

그리고 이제 휘범이 장례식장 왔을 때 하루 안치하고, 엄마하고, 내가 엄마, 아빠가 너무 힘든 상황이니까 병원에 그날 저녁에 입원을 했죠. 그 병원에 안치를 하고 집으로 갈 수가 없겠더라고요. 그리고 무섭더라고요. 사실은 집에 간다는 게 자신이 없었어요. 그런데 병원에 가니까 다 왔더라고요. 친정 식구들도 다 와 있고, 우리 회사 사람들도 다 와 있고, 그 늦은 시간에도 시댁 식구들도 많이 와 있고, 우리 ○○이도 있고. 그래서 병원에서 2인실을 주셨어요. 그래서 영양제 좀 맞고 내일 하려면 또 힘드니까 ○○이랑 같이 병원에 있었죠. 그 병원에서 자고 우리 휘범이는 그다음 날부터 하고 잘 보내고, 효원으로 보냈거든요.

효원에 갔는데 효원이 화성에 있더라고요. 그때는 화성에 효원

이 있다는 것도 몰랐는데, 휘범이 마지막 가는 길에 굉장히 많은
사람들이 왔어요, 정말 많은 사람들이 왔고. 휘범이 친구들은 없었
던 것은 아니고 있었지만 더 많진 않았고, 친구들이 무서웠기도 하
고 또 겹쳐 있기 때문에 그래[서] 왔지만 정신이 없어 모르지만,
○○이 친구들도 굉장히 많이 왔고. 그리고 휘범이 초등학교 선생
님들부터, 아니 초등학교 선생님은 모르겠고, 초등학교 선생님은
왔더니 끝나버렸다고 그러더라고요. 아침에 새벽에 일찍 나가니까
중학교 선생님들 다 오서가지고, 가는 길에 휘범이 행복하게 보내
줬어요.

그리고 보내놓고 난 다음에도 병원에 일주일 동안 있었어요,
그 병원에.

면담자   아, 그 병원에 계속, 두 분 다 계셨군요.

휘범 엄마   ○○이까지. ○○이까지 있다가 한 2, 3일 됐을 때,
며칠 있을 때 합동분향소, 올림픽기념관에 차려진 거를 화랑유원
지로 옮긴다고 했을 때 잠깐 외출해서 또 옮기고, 병원에 있었죠.
자신이 없었었어요, 집에 갈 수 있는 자신이. 무섭기도 하고 그냥
가면…….

그리고 제가 휘범이랑 둘이 잠을 잤거든요, ○○이는 아빠랑
잤고.

면담자   이불 펴고 주무셨다고.

휘범 엄마   네, 둘이 같이 잤거든요. 그리고 ○○이가 가끔 와서

잤긴 했지만, 저랑 휘범이는 둘이 꼭 같이 잤거든요. 그리고 여름에는 에어컨 틀어놓고 다 같이 거실에서 자고, 겨울에는 그냥 나랑 휘범이랑 둘이 자고 그랬어요. 그래서 또 큰애에 대한, 결혼을 하다 보면 둘째가 덜 이뻐서가 아니라 똑같이 이쁘지만 큰애에 대한 집착이, 애틋함이 좀 더 있더라고요, 저는 그렇더라고요. 큰애는 처음 태어나고 경험도 없고 미흡하게 키우잖아요. 그런데 둘째는 한번 키워봤던 경험에 의해서, 그래서 그런지 모르겠지만 큰애는 실패작이라고 하잖아요. 엄마들이 경험이 없다 보니까 너무 오냐 오냐 키운다고 하는데, 저는 휘범이가 되게… 의지를 했던 것 같아요, 큰애다 보니까.

그래서 방에 딱 갔는데 작은방에 갔더니, 진도에 갔을 때는 휘범이 옷 꾸러미 하나 들고 갔잖아요, 휘범이 데리고 올 가방. 오니까 짐이 너무 많은 거예요, 집에 가서 봤더니, 작은방으로 갔더니. 진도에서 또 거기서 한 일주일 있었다고 거기 또 짐도 생기잖아요. 그것도 생기고, 병원에도 갔다 오니까 병원 짐도 생기고. 작은방에 들어가니까 그걸 보니까 , 인정하고 싶지도 않고 현실을[이] 확 다 [가오는데]… 병원에 있을 때는 몰랐는데 꿈인지 생시인지 모르잖아요. 근데 집에 가니까 그게 좀 느껴져 갖고 되게 마음이 아팠어요 (울음).

면담자   죄송해요.

휘범 엄마   아니에요(침묵). 우리 휘범이 4월 3일이 생일이거든

89
•
1회차

요. 그런데 4월 15일에 수학여행 갔잖아요. 마지막 생일날 그날도 학원 갔다 왔었어요. 그래서 케이크를 내가 하나 사고, 우리 윗집에 동생이 하나 사줘 갖고 두 개를 놓고 미역국만 끓이고 그냥 김치에다가 밥 줬거든요, 10시 반에. 그래서 불 다 끄고, 우리 휘범이는 불을 다 끄고 생일 노래를 불러야 되니까, 그게 마지막 만찬이라고 그래야 되나… 그랬어요, 4월 3일 날 생일은 하고 갔어요.

면담자   토요일인가요? 아니네요.

휘범 엄마   평일이었어요, 평일. 4월 3일 생일 하고.

면담자   (한숨) 너무 힘드신 이야기를 오늘 많이 꺼내주셨는데….

휘범 엄마   아니요. 생각할 수 있는, 힘들면 힘들지만 휘범이를 또 이렇게 생각할 수 있어서 좋아요. 자꾸자꾸 잊히는 것보다 [좋아요].

면담자   이렇게 이야기해 주셔서 감사드리고요. 오늘 여쭤보려고 한 이야기는 여기까지로 하려고 하는데, 혹시 관련해서 얘기를 못 한, 더 하고 싶은 얘기라든가 추가할 부분 있으세요?

휘범 엄마   아니요, 없어요. 우리 휘범이 되게 이뻤다고(웃음), 굉장히 성실하고.

면담자   네, 그러면 1차 구술은 여기까지 하도록 하겠습니다.

휘범 엄마   감사합니다. 수고하셨어요.

휘범 엄마 신점자

2회차

2019년 2월 14일

1
시작 인사말

면담자　　　본 구술증언은 4·16 사건에 대한 참여자들의 경험과 기억을 기록으로 남김으로써 이후 진상 규명 및 역사 기술에 기여하고자 합니다. 지금부터 신점자 씨의 증언을 시작하겠습니다. 오늘은 2019년 2월 14일이며, 장소는 안산시 단원구 4·16기억교실 교육장입니다. 면담자는 장원아이며, 촬영자는 강재성입니다.

2
4·16특별법 서명운동과 농성

면담자　　　오늘은 거의 5년이 다 되어가는 동안 가족분들의 투쟁이나 공동체 활동 경험하신 것들에 대해서 질문을 드릴 건데요. 일이 굉장히 많았잖아요. 시간도 많이 흘러서 기억이 안 나실 수도 있지만 가능하면 최대한 기억나는 것들 이야기해 주실 것을 부탁드릴게요. 저희가 그동안 활동한 내용을 시기적으로 정리를 했어요. 그래서 이것을 들으시면서 이야기해 주시면 되는데요. 일단, 5월부터 바로 들어가겠습니다.

면담자　　　혹시 KBS 항의 방문이나 청와대 도보시위도 참여하셨나요?

휘범 엄마   네, 갔어요.

면담자   5월 8일이라고.

휘범 엄마   네. 애들 영정 사진 들고 갔잖아요. 갔을 때는 도보는, 우리가 거기서 노숙을 했잖아요, 우선 하루. 그런데 그때는 처음에는 노숙을 할 계획이 없었으니까, 아니 어떻게 될지를 몰랐잖아요. 그런데 노숙으로 연결이 됐었잖아요. 사진을 들고 갔던 거는 애들 아빠가 갔어요, 도보로 갈 때는. 근데 이게 가서 KBS에서 있다가 KBS에서 경찰차로 우리를 다 막았잖아요. 막고 하다가 우리가 청운동으로 다시 노선을 그쪽으로 걸어갔어요. 그래서 거기에서 노숙을 했거든요. 그때는 제가 갔죠. 제가 가서 거기 효자동 앞에서 있었죠.

면담자   이때 가족분들이 많이 참여를 하셨나요?

휘범 엄마   네, 그때는 많이 참여했어요. 수습 안 되는[된], 물론 [아직 수습 안 된] 사람들도 [당시에는] 있었고, 막 수습해 가지고 와서 정신없는 부모님도 빠졌겠지만, 그때는 굉장히 많은 분들이 참여했었어요.

면담자   어떻게 참여하게 되었는지 기억이 나세요? 연락이 어떻게 왔다든지.

휘범 엄마   연락이 어떻게 온 것에 대해서는 잘 기억이 나진 않아요. 기억이 나진 않는데, 근데 밴드에 공유가 되었기 때문에 어떻게 우리가 가야 한다고 하고 갔거든요. 상세하게는 기억이 나지는 않는데, 그래서 "몇 시까지 모이자" 해서 영정 사진을 빼가지고 간 것 같아요. 근데 그때 우리 아빠나 저는 처음으로 영정 사진을 내렸었거든요. 그 합동분향소에 있었던 건데 저것을 정말 만지고 싶지는 않았거든요. 애기가 힘들게 갔기 때문에 저것까지 들고 간다는 것이 되게 그때 마음은 그랬어요. 왜 힘들게, 쉬지도 못하게 저것을 들고 가나 생각을 조금 했었는데, 하여튼 뭐 분위기에 그랬는지 우리 애들을 방송국 자체에서 너무 다 틀리게 말을 했고 KBS나 MBC가 다 왜곡되게 말을 했기 때문에 그래서 간 것 같았어요, 그때는.

그리고 그때 가서, KBS에서 너무 힘들게 하고 다 차단하고 하니까 차로 다 막았잖아요. 그래서 KBS 사장 그만하라고 그런 것도 그때 김시곤, 그때 누구였지? 김시곤이 아니고 KBS 사장 키 크신 분[길환영]이었는데, 그때 하도 우리가 그러니까 청운동에 와서 사과했었어요. 사과만 하고 그냥 가셨어요. 근데도 [사장직을] 그만두지는[자진 사퇴하지는] 않았었어요.

면담자   예전에도 집회에 참여를 하신 적이 있으셨어요?

휘범 엄마   이전에는 없었어요. (면담자 : 그때 처음으로?) 네. 우리 일[세월호 참사] 있기 전에는 없었어요.

면담자   혹시 그전에도 안 하던 일, 나랑 상관없는 일이라고 생각할 수 있는데 (휘범 엄마 : 네. 그랬어요) 그 거리에 나섰을 때 어떤 심경이셨는지 궁금해요.

휘범 엄마   우리는 앉아 있고 지나가는 사람들이 있었잖아요. 저는 지나가는 사람들 입장이었잖아요. 근데 알려고 하지도 않았었던 것도 같고요. 내 일이 아니라고도 생각을 했었거든요. '왜 저렇게까지 할까' 이런 생각이었죠. 근데 막상 내가 그 자리에 앉아 있다 보니까, 그리고 그런 일을 당하고 나니까 그 지나가는 사람들, 알려고 하지 않고 들으려고 하지 않는 사람들이 되게 무심했고 되게 속상했고 나도 그랬고. 근데 알리고 싶었어요. 모든 것을 알리고 싶고, 보는 게 다가 아니고 듣는 게 다가 아니라는 것을 말을 해주고 싶었죠. 그리고 다른 것도 아니고 자식 문제이니까, 그리고 보여주는 대로 알리고 그렇게 했으면…. 그러니까 뭐 저 사람들 하는 사람들, 시위하고 있는 사람들을 좋게 보지 않았던 것 같아요. 근데 내가 그 입장이 되니까 너무 틀리게만 보여주고 하니까 그런 것 때문에 알리고 싶었죠.

면담자   청운동에서도 바로 대치 상황 같은 게 있었나요?

휘범 엄마   청운동에서는 대치 상황은 없었어요. 없었고 그렇게 있다가 우리한테 사과하고 이렇게 해서 그때는 또 헤어졌어요. 그때 좀 더 있다가 흩어져서 왔어요.

면담자   흩어져서 각자 왔어요?

휘범 엄마   버스로 왔어요. 버스를 타고 갔다가 버스를 타고 왔어요.

면담자   그때는 아버님이랑 두 분이 같이 가신 건가요?

휘범 엄마   갈 때는 아빠가 먼저 가고, 올 때는 애 아빠는 이제 날이 바뀌어 버렸잖아요. 그래서 애 아빠는 또 일을 해야 되니까 가야 되고 그래서, 제가 우리 친정 오빠 자가용 타고 효자동으로 왔죠. 그래서 내가 거기에서 있었죠. 그래도 종일 앉아 꼬박 이틀은 있었던 것 같아요, 꼬박.

면담자   5월 말이 되면 국회에서 2박 3일 농성을 하셨는데요. 혹시 여기에도 참석을 하셨어요?

휘범 엄마   그때도 있었어요. 그때 국회 무슨 회관, 국회 회의실에서 바닥에다가 이불 깔고 있었어요. 그리고 우리가 농성할 때, 유치원 무슨 법 때문에 유치원 선생님들도 많이 오셨는데 그때 우연히 제 고등학교 동창을 만났었어요, 우연히. 그리고 들어간 입구, 그분들 인원이 많다 보니까 전국적으로 서울, 경기 쪽인지는 모르겠지만 유치원 원장 선생님들이 다 오셨었어요. 그래서 거기에서도 특별법 서명을 받았거든요. 그때도 거기에서 입구에서 사람들이 많이 오니까 거기에서도 받았었어요. 거기에서 농성을 하면서 돌아가면서 이쪽저쪽에 테이블을 마련해 놓고 거기서 서명을 받았어요.

면담자   특별법 그 제정하자는 것을 4반에서 먼저 건의하셨다고 하던데 좀 더 자세히 들려주시겠어요?

휘범 엄마　　저는 사실은 그런 것을 잘 몰랐었거든요. 그런데 우리 반에서 법대 나온 언니였는지 그런 이야기를 하더라고요. 우리 반 그 언니가 처음에는 또 임원을 맡았었어요, 우리 임원직을 맡았었거든요. 그래서 우리 이걸 알리고, 그렇게 이런 법을 만들고 이것을 모든 분한테 알려야 된다, 그렇게 안전한 사회를 만들고 이런 것을 알려야 하기 때문에 만들자고 해서, 그 언니가 먼저 가족협의회 가서 이야기를 하고, 그래서 우리 반만 동참을 많이 한 것은 아니고 우리 반에서 굉장히 동참을 많이 했어요. 그리고 온 지방으로 다 다녔거든요, 버스 대절해서 가고 또 소단위로 가고.

저는 일이 터졌을 때 엄마를 한번 봤었거든요, 우리 아들을 보내는 날. 그리고 엄마를 못 봤잖아요. 여름이었던 것 같아요. 여름에 초창기 때에는 조금조금씩 소모임을 다니다가 나중에는 대외협력으로 연락이 오니까 전국적으로 뻗어나가는데 그때 우리 반에서 다섯 명이 처음으로 순천을 간 것 같아요. 순천에 가서 순천에서 서명을 하고, 그리고 순천에서 현수막을 들고 도보를 하고, 그리고 숙박을 하고 그다음 날 올라왔거든요. 저는 엄마가 보고 싶어서, 밤에 1시 정도 된 것 같아요, 새벽에 택시를 타고 엄마네 집으로 갔어요. 그리고 엄마네 집에서 자고, 엄마도 깜짝 놀라더라고요. 그리고 아침에 또 동네 사람들 혹시 올까 봐 조용히 또 나왔어요.

그때 무슨 지방 선거가 있었어요. 6월 달인가 도지사도 뽑고 국회의원도 뽑는 2014년도에 뭐[6·4지방선거]가 있었어요. 근데 그때 우리 엄마가 우리 집 대문 문턱이 닳게끔 그 후보들이 찾아온다고 하더라고요, 그걸 알고. 우리 고흥에서 일곱 명인가가 그 손자들이 잘못됐대요. 그래서 문턱이 닳게 온다고 나한테 통 오지 말고 빨리 가라고 그러더라고요.

면담자　　　그래서 아침에 일찍 나오신 거예요?

휘범 엄마　　　그것 때문은 아닌데, 다른 사람들이 시골은 좀 빨리 일어나시잖아요. 그러면 집에 오시기도 하고 일행이 아침에 또 올라가야 하니까. 순천으로 택시를 타고 가야 하니까 아침에 빨리 서둘러서 잠만 자고 갔죠. 그리고 순천도 우리끼리 반끼리 가고, 소그룹으로 양산도 가고, 그렇게 시작이 되다가 버스 대절해서 이제 다 돌아다녔죠.

　　그리고 분향소에서는 들어온 입구부터 해서 합동분향소 나가는 부분 있잖아요, 헌화하고 나가는 부분에서도 조끼리 짜가지고 계속하러 다니고. 그다음에 회사, 동네 뭐 그렇게 돌아다녔죠. 조금조금하게는 그렇게 돌아다니고 또 분향소에서 많이 받았고, 전국적으로 울산의 현대중공업 쪽도 우리 반이 버스 대절해서 갔고요. 서명을 너무 열심히 했어요. 그렇게 하고 여름에 우리가 국회에 천만인 서명 한번 어디까지는 차를 타고 가고 여의도, 영등포 어디쯤에서 내려서 들고 걸어갔거든요.

　　그때 제가 더위를 먹어버렸어요. 제 몸이 이상하더라고요. 여름에 너무 많이 돌아다녀서 체력이 방전이 됐는데 그걸 들고 국회의사당까지 들어갔어요. 들어갔을 때 제 몸이 이상하더라고요. 몸 색깔이 막 변하더니 두드러기가 아니고 온몸 색깔이 소고기색 같은 빨간색으로 변하면서 내가 조금 감지를 했어요. '내가 조금 이상하구나' 그래서 숨도 좀 잘… 그래서 택시를 타고 집으로 갔죠. 그냥 저만 조용히 왔어요.

3
건강검진 지원의 문제, 안산-팽목 도보 행진

면담자   병원에 바로 가셨어요?

휘범 엄마   네. 그래 갖고 병원에도 가고, 아니 그때는 한의원으로 갔어요. 그랬더니 기가 너무 빠지고, 더위도 먹고, 뭐 이러고 있으면 안 된다고 그래서 약을 먹기 시작했죠. 근데 그게 좀 좋아는 졌는데, 지금까지 그때 이후로 겨드랑이나 온몸에서 땀이 수도꼭지 틀어놓은 것처럼 막 흐르고. 약을 굉장히 많이 먹었어요. 그런데도 그때 더위 먹어서 막 가렵고 그랬는데 지금은 그때 비해서 많이 좋아졌는데 지금도 그 증상은 있어요. 그래서 낮에는 못 돌아다녔어요, 그 이후로.

면담자   어머님 건강검진이라든가 치료 관련해서 나라에서 지원해 주는 게 있나요?

휘범 엄마   그때 '코호트'[비교연구를 위해 선정한 특정기간 동안 공통된 특성이나 경험을 갖고 있는 집단라 그래서 고대병원에서 4년 동안인가 건강검진을 해줬고요. 저는 한번 처음에 하려고 했더니 3년인가 해줬던 것 같아요. 처음에 하려고 했더니 질문지가 너무 많기도 하고 질문지, 어쩔 수 없는 상황이라 하지만 질문지 내용이 별로였어요. 그래서 저는 안 했어요. 질문지 안 하면 건강검진 안 해주거든요.

면담자   질문지 내용이 별로라는 게 어떤 내용이었어요?

휘범 엄마   부부관계 이야기도 나오고요, 또 그다음에 애기를 보내놓고 얼마나 우울감, 충동, 죽고 싶은 마음 그런 게 굉장히 많아요.

면담자   그런 질문 자체가 마음을 아프게 하는 게 많았다는 말씀이신가요?

휘범 엄마   네. 그래서 안 했고요. 그게 만약에 네 번을 해줬다면 두 번은 했고, 세 번을 해줬다면 첫 번째는 안 했던 것 같아요. 그리고 저 같은 경우에는 심장 때문에 그냥 조금만 했죠. 다른 거는, 내시경 같은 건 전혀 안 해주니까, 위험부담이 있다고 해서 안 해주니까, 조금 했었어요. 그러고 난 다음에는 실내에서 할 수 있는 것 있잖아요. 분향소에 가족협의회에서 하는 거라든지 반 일은 계속했고요. 밖에 나가는 건 조금, 너무 더울 때는 애 아빠가 나가고. 그리고 우리가 진도도 도보도 하고, 박근혜 하야할 때까지 집회했잖아요. 그때도 추울 때는 제가 갔어요. 근데 밤에는 심장 때문에, 심장 앓고 난 다음에는 너무 기온차가 많이 날 때는 돌아다니지 말라고 하더라고요, 심장에 무리가 가니까. 그… 누구죠? 성당의 교황님 오실 때도 갔고요. 그때까지도 갔고 팽목 도보할 때하고 국회의사당, 광명으로 해서 도보할 때 있었어. 그때는 애들 아빠가 걸어갔어요. 그리고 집회, 겨울에 집회 많이 했잖아요. 그때도 애들 아빠가 갔고요.

면담자　　안산에서 팽목항 도보 행진이 2015년 초겨울 1월에서 2월까지였는데 아버님이 가시고.

휘범 엄마　　그때 우리는 끝까지 가지는 않았고요. 여기서 팽목까지는 가지는 않았어요. 팽목까지는 가지 않고 구역이 딱딱 나눠졌었어요. 그래서 안산에서 평택까지 갔나? 그랬던 것 같아요. 평택 어느 구역까지는 갔어요. 그러니까 이틀을 도보했던 것 같고요. 그리고 목포에서 팽목까지는 큰아빠가 했고요, 저희 함평의 큰아빠가 목포에서 팽목까지는 하고. 팽목에 도착할 당시에 행사가 있었어요. 그래서 저는 버스 타고 내려가서 거기에서 마지막 팽목 들어오는 도보 순례자를 마중길 해갖고 거기를 갔죠.

4
2014년 지방선거 후보의 고향 집 방문

면담자　　2014년 연도별로 여쭤볼게요. 아까 특별법 제정 서명운동하면서 지방 다니신 얘기 하셨는데, 말씀하신 것 중에 친정집 가니까 당시 지방선거 후보들이 왔다고 하셨는데 왜 온 건지.

휘범 엄마　피해자가 있으니 표를 받으려고 온 것 같죠, 왔겠죠. 지금 제일 아픈 고통이 있으니까 그것을 옹호해 주고 보듬어주면서. 거기는 동네가 작잖아요, 시골은. 그러니까 "이 집에 찾아왔더라", 그러니까 "내가 그 고충을 안다", 그냥 엄마한테 포장하기 위해온 것 같아요. 그러면 동네 이장이나 면장이 데리고 올 것 아니에요. 그러면 "아, 이 사람들이 이렇게 찾아오더라", 시골 사람들은 다 노인네들이니까 표 받기가 아무래도 그렇게 좀 전략을 짜서 한 것 같아요.

면담자　부모님은 뭐라 하셨어요?

휘범 엄마　가라 그랬대요.

면담자　(웃음) 왜 그렇게 말씀하셨대요?

휘범 엄마　평상시에는 오지도 않는 분들이, 와봐야 고흥군에 나오는 의원들이라든지 고흥군수 정도는 동네 돌 수는 있잖아요. 근데 그 많은 동네를 돈다는 것은 힘들겠지만 돌 수는 있는데, 그 후보들 말고, 그 윗선 후보들이 왔대요, 그 조그만 후보 말고.

면담자　거의 도지사나.

휘범 엄마　네. 그래서 그 윗선들이 왔기 때문에. 그리고 우리가 4월 달에, 우리 애가 4월 23일에 나와서 24일 날 DNA 검사하고 와서 24일까지 안치하고 25, 26, 27일 했거든요. 그때도 고흥군수가 왔었어요, 저희 집에. 아니 저희 분향소에 왔었어요. 그러면서 '내가 고흥군수다' 하고 왔다가 갔어요. 근데 그것을 자기들은 알잖아요. 후보들로 다시 나오려고 했고, 또 그분이 후보로 당선이 됐대요. 그것이 다 선거에 나올 거니까 지금부터 활동을 한 것 같아요. 그래서 문턱이 닳도록 왔다고, 즈그들이 언제부터 이렇게 왔냐고 그랬다고 하더라고요. 그랬더니 면 소재지 있는 쪽에 사니까 조금 그랬던 것 같아요.

그리고 시골에 소문나는 것도, 그때 제가 우리 오빠도 시골에 소문이 아직 다, 우리 친구들 다 수습이 안 되었을 때인데도, 소문에 소문이 나가지고 또 금전적인 것도 이야기 나오고 그랬대요. 그때는 그런 것 나올 것도 아닌데도. 그래 가지고 오빠가 되게 속상했다고 그랬었어요.

면담자　　　속상하셨다고요?

휘범 엄마　　네. 거기 시골에서는 그러잖아요. 보상금이 얼마 나오니 그런 이야기가 나왔었나 봐요. 아직 그런 이야기 나오지도 않았기도 않았지만, 우리 애들 다 수습도 안 되어 있는 상황이었고 그랬는데 그런 이야기를 하니까, 시골 사람들. 우리 엄마는 손주를 잃었고 우리 오빠는 조카를 잃었는데 그런 이야기를 하니까 속상하고 조금 큰소리도 나고 그랬다고 하더라고요.

서명 당시 지방에서 격려한 사람들

면담자　　　그 서명받으시면서 이제 지역 여러 군데 다니셨잖아요. 순천도 가시고 아까 울산도 가시고.

휘범 엄마　　울산, 양산. 네.

면담자　　　지역에서 해보니까 어떠셨어요?

휘범 엄마　　되게 호의적이었어요. 제가 생각하기에는 학생들이 굉장히 호의적이었고, 기억에 남는 게 전라도와 경상도가 차이가 난다고 그랬는데 제가 양산에서 양산 '이마트' 앞에서 받았을 때도 애들도 그랬고 시민들도 그랬고 힘내시라고, 우리 이마트 앞에서 하다 보니까 음료수 같은 것도 굉장히 많이 사다 주셨고요. 그리고 힘내라고. 애들도 갔다가 "친구들 또 데리고 올게요" 하면서 애들도 굉장히 저희한테 힘을 많이 줬어요. 그런데 중학교, 고등학교 아이들이니까 우리 애들 또래였었잖아요. 그런데 걔네들 보고 굉장히 마음이 아팠지만 되게 고마웠어요. '아, 애들한테는', 애들이 커가면서 어른들한테 세뇌를 당하잖아요, 물론 은연중에 자기만의 생각이 있기도 하지만. '저 애들은 옳고 그름을 아는구나'. 또 자기가 학생이다 보니 수업의 연장으로 가서 자기가 뭐 특별하게 안 간다고 표현을 하면 안 갈 수 있는 거지만 그래도 수업의 연장이니까 웬만하면 다 가잖아요. 그러니까 걔네들이 자기 일처럼, 자기 친구

일처럼 다가와 줘서 되게 고마웠었어요.

　　그리고 그때 당시로는 굉장히 어디를 가나 되게 따뜻했어요. 되게 호의적이었고 '서명받을 만하구나' 그런 느낌이었어요. 시간이 가면 갈수록 물론 조금, 그렇지 않은 사람들도 있었지만, 근데 그렇지 않은 분들은 얼마 없었어요.

면담자　　　그렇지 않은 사람은 조금 나중에 만나게 되신 건가요?

휘범 엄마　　좀 더 가면 갈수록요. 길어지기도 하고 방송에서 자꾸 있지도 않은 돈 이야기도 하기도 하고, 또 그러니까 개중에는 이제 좀 그런 사람도 있었어요. 그런데 천만인 서명받으러 다닐 때는 그렇게 너무 슬프게 하거나 힘들게 하는 사람들은 대체로 거의 없었어요. 없었어요.

면담자　　　서명받으러 다니면서 반끼리 다니신 것이었잖아요. 뭔가 기억에 남는 장면이라든가 이런 것도 있으시나요?

휘범 엄마　　애들이 "그냥 저는 종이 좀 복사 좀 해서 주시면 안 되냐"고, 자기가 아파트에 자기 친한 사람들이 있는데, 회사에 친한 사람이 있는데 받아서 보내주고 싶다고. 그래서 용지를 주니까 "많이 주면 여기서 또 받아야 되니까 한 부만 주면 제가 복사해서 쓰겠다"고 해가지고 보내주신 분도 있고요. 그리고 학교에서도 순천이나 어디 학교에서도 굉장히 많이, 학교 학생회에서 돌아가지고 다 받아서 보내주시고, 한 애가 "이거 학교에서 받으면 안 될까요?" 이렇게 해서 받아갖고 가서 부쳐주고 그래서 그게 이제 개인

휘범 엄마 신점자

적인 이름으로도 '2학년 4반 누구누구 어머님' 하고 오는 경우도 있었고요. 가족협의회로도 온 것도 있었지만 개인적으로 제가 가족협의회하고 제 이름을 적으면, 제 이름으로 받잖아요. 그렇게 해서 오면 되게 고마웠죠.

면담자   지역에 가면 지역 단체랑 같이 하시잖아요. 어떻게 하시게 되었나요?

휘범 엄마   이게 대외협력으로 연락이 와요. '저희 쪽으로도 와 달라' 연락이 오면 우리만 가지 않고 거기에 시민들이 같이 있어요.

면담자   지역에서 가협의 대외협력부로 연락이 오면 대외협력부에서 뭔가 "몇 반이 가면 좋겠다"라고 해서, 그 반이 가고 그 반이 준비해서 지역에서 연락을 주고받으면서.

휘범 엄마   그게 한두 군데만 오는 것이 아니었어요, 그때 당시는. 그래서 반을 나눴어요. 반을 나눠서 어느 지역은 1반, 어느 지역은 2반 쫙쫙 나눠서 하고. 또 명절 때 있잖아요. 명절 때 귀성객들 가잖아요. 그때도 휴게소도 가고 어느 지역도 가고 그랬어요. 그리고 반에서 몇 명은 터미널에서 현수막, 피켓 들고 있고 터미널에서 받고.

6
초기 부대표 활동

면담자   어머님은 4반 부대표 하셨던 거죠. 언제부터 언제까지 하셨는지.

휘범 엄마   처음부터, 그날 일이 터질 때부터…. 음. (면담자 : 지금도?) 아니요. 지금은 아니에요. 우리가 돌아가면서 하기로 해서, 한 1년 반 했나 모르겠어요. 그때 부대표는 저 혼자였는데 반 대표가 세 명이 바뀌었었어요. 부대표는 혼자 계속하고 대표는 남자분이 정무 아빠가 하고, 성호 아빠가 하고. 승묵이 아빠가 하고. 세 분이 바뀌셨었어요.

면담자   남자분이 대표하고 여자분이 부대표 하는 거였어요?

휘범 엄마   그렇게 했지요. 그렇게 했어요. 나중에는 대표도 엄마가 했는데 그때는 챙겨야 할 것이 너무 많았어요. 그때는 예를 들어서 나라에서 구호품도 나오기도 하고, 또 우리가 가정당 서류를 챙겨야 되는 그런 게 많이 있었어요. 그거는 여자가 챙기기가 더 나으니까 제가 챙기느라고, 앞에 회의에 나가고 앞에서 하는 건 아빠가 하고, 또 못 나오시는 엄마들이 많잖아요. 엄마들이 맨날 노란 티도 나오고 하니까 내가 그걸 다 챙겨서 차에다 싣고 다니면서 우리 반 나오는 사람은 나와서 주고 못 나오는 사람은 집 앞으로 잠깐 나오라 해서 내가 갖다주고. 그때는 그랬죠.

면담자   그때 부대표로서 하신 일들이 주로 어떤 것이었는지.

휘범 엄마   그때는 굉장히 많았어요, 일이. 우리 반, 초창기이다 보니까 명찰도 만들었거든요. 우리 유가족이라는 것을 확인해야 되니까. 누가 누구인지 모르잖아요, 이제는. 그러니까 반의 엄마, 아빠 사진을 하나 보내주시면 그 사진에 엄마 성함, '누구누구 엄마 누구누구' 이렇게 해서 명찰을 다 만들어서 다 취합을 해서 맡았던 분한테 가서 이걸 다 주고, 이름 하나하나 다 확인을 해서 목걸이를, 명찰을 만들어가지고 나눠주고 할 때마다 그 명찰을 찼죠. 그리고 그중에서도 형제자매라든지 이모라든지 이모부가 활동하시는 분들 있잖아요. 그런 분들까지 명찰을 만들었죠. (면담자 : 다 일일이 챙겨서) 네. 회의할 때 그 명찰을 달고 오는 사람만 들어올 수 있게끔. 그때는 하도 이간질 시키는 사람도 많고 하니까. 다른 사람들, 말 그대로 우리를 사찰하는 사람 들어올 수도 있고 하니까 명찰을 착용한 사람들, 우리가 아는 사람들만 회의에 들어올 수 있게끔 했죠.

면담자   가짜 유가족분들 보셨나요?

휘범 엄마   저는 나중에는 못 봤어요. 그 사람이 유족이라고 나오지는 않은, 명찰 달고 하니까 오지는 않았어요. 근데 회의하면 밖에는 많이 서 있었죠, 밖에는. 그 문 밖에는.

면담자   또 어떤 일을 하셨어요? 부대표 일이 하나하나 굉장히 많으셨을 것 같거든요.

휘범 엄마　　　광장히 많았어요. 집집마다 명절이라고 뭐 나오면, 뭐가 나왔었거든요, 초기에. 그것도 제가 다 받아갖고 다 챙기고. 그리고 첫해 2014년도에 김치도 한 번 나왔었어요, 김치, 김장김치. (면담자 : 김치가 어디서) 무슨 기독교에서도 나왔고요. 그러면 그것도 다 확인해서, 싣고 다닐 수가 없으니까. 다 잡일이 많았어요. "와서 찾아가라" 공지 올리고 누구누구 찾아가면 표시하고 정말 못 나오는 가정은 한두 가정 배달도 해주고. 그때는 또 구호품이라 해서 손길이 많이 왔었어요. 그러면 그거 다 배분해 갖고 나눠주기도 하고. 옷도 누가 또 기부해 준다고 하면 옷 치수 다 해서 그것도 찾아가라고도 하고. 일이 굉장히 많았어요, 굉장히.

면담자　　　4반 같은 경우에 혹시 임원진이 어떻게 됐나요? 대표 분이 있고 그리고 부대표가 있고.

휘범 엄마　　　그냥 대표하고 부대표만 있었어요. (면담자 : 총무는 없었어요?) 그때는 부대표가 총무까지 다 같이 했어요. 지금은 반 대표가 있고요. 부대표를 뽑지는 않는데, 그냥 부대표를 어떤 아빠가 계속하기는 하는데 총무, 부대표가 그냥 부대표라 표현을 안 하고 총무라 표현을 해서 반 대표, 총무 이렇게 두 명 있어요. (면담자 : 지금 현재?) 네. 그래서 저희 지금은 반 대표는 좀 [활동을] 해요. 반 대표는 회의가 있기 때문에, 한 달에 두 번 회의를 들어가고 이렇게 뭐 회의가 있으면 반 대표는 일이 있지만, 총무는 다른 것 없고요. 돈만, 우리가 이제 우리 반 회비를 안 걷거든요. 반 회비는 안 걸고 거둬놓은 것이 좀 있기 때문에 그게 나중에 떨어지면 또 한 번 걸겠지만, 그 회의비는 있고. 우리가 사단 회원비를 내요. 사단 회원인 사람들. 저희 반에서는 28명 중 24명이 사단 회원이거든요. 24명이 달달마다 돈을 총무한테 내거든요. 그러면 총무는 그걸 집계를 해서 우리 사무처장 쪽으로, 우리 사무실에 보내는 것. 그것만 하고 있어요. 그리고 예전처럼 모임이 잦거나 그러진 않으니까. 이번에 우리가 3기 임원진 뽑을 때 저희 반 같이 식사를 했고요.

그때 만나면서 제가 저희 반 졸업앨범을 제가 맡았었거든요, 2015년도에. 작업은 2015년도에 다 끝났었어요, 그 졸업앨범 작업은. 근데 이제껏 갖고 있었죠. 그러다가 명예졸업 해서 이번에 가져갔잖아요. 그런데 그거 할 때도 제가 앨범 작업을 맡았기 때문에, 사진 각 반에 한 사람당 13장에서 15장씩 내라는 것부터 해가지고, 초안 나오면 이렇게 하면 어떻겠냐고. 그때는 우리가 당직이 있었거든요. 분향소가 있었기 때문에 일주일에 한 번씩, 아니 10일에 한 번씩. 10개 반이니까 한 달에 3번씩 당직을 하면 저희 반 것을 다 인쇄해 와서 다 보고 "이렇게 초안을 잡았는데 어떻게 생각하냐" 반 엄마들한테 물어보고, 아빠들한테 물어보고, 그다음에 개인 개인 다 앨범, "이렇게 초안 나왔는데 마음에 안 드는 것 말을 해줘라. 그래야지 바꿀 수 있다" 안 나온 사람은 선택의 여지가 없잖아요. 그렇게 해서 바꾸고 그렇게 그거 다 작업해서 끝내놓은 것 이번에 찾아갔어요. 그때는 졸업앨범까지 제가 맡았거든요, 저희 반은. 그때는 부대표는 아니었는데 각 반에서 앨범 하실 분을 뽑아

111
·
2회차

달라고 해서 그때 저한테 맡아달라고 하더라고요.

면담자 2015년에 앨범 작업을 하실 때는 부대표가 아니었고.

휘범 엄마 2015년…. 아닌데? 그럼 2016년인가?

면담자 원래대로 졸업한다면 2016년 2월이죠.

휘범 엄마 우리가[아이들이] 졸업을 늦게, 우리는[아이들은] 졸업을 못 하니까, 근데 2016년 2월이니까 생존자 애들이 졸업을 하니까 그 전부터 작업을 했었어요. 그리고 우리하고 걔네들하고 졸업 앨범이 틀리니까. 학적부에 가는 앨범은 똑같지만, 생존자는 생존자대로 하나 또 만들었고, 우리는 우리대로 또 만들었기 때문에 이제껏 보관하고 있다가 이제, 이제 찾아왔죠. 일은 계속 끊이지 않고 있었던 것 같아요.

면담자 2014년과 2015년에 굉장히 많은 것을 겪으셨을 텐데요. 이때 그 범국민대회 열리고, 교황 방문해서 미사하고 이때도 계셨다고 했는데, 광장에 계속 나서신 거잖아요.

휘범 엄마 그때 세종문화회관에 가서 대기하고 있다가 우리 구역을 좀 정해줬었어요. 우리 쪽 구역을. 그때 유민이 아빠가 그 뭐지? 농성하셨잖아요. 단식농성하셨잖아요. 그때쯤에 맞춰서 거기에 또 참석했었죠.

면담자 청운동 주민센터에서 76일간 8월 말부터 농성도.

휘범 엄마 네. 그때도 저는 왔다 갔다만 했고요. 애 아빠는 좀 더 많이 왔다 갔다 했어요. 거기에서 겨울에 있어야 하니까 거기서 독감 주사도 맞고 거기서 왔다 갔다 했죠. 다른 엄마는 몇 분이, 상주하고 있는 몇 분이 계셨는데 저희는 계속 왔다 갔다….

면담자   ○○이랑 봐줘야 되니까.

휘범 엄마   거기서 기자회견 할 때나 그럴 때는 될 수 있으면 안 빠지려고 갔고요. 그래도 힘을 실어줘야 되고 사람이 많아야 하니까 그렇게 갔긴 갔는데, 거기서 숙식을 하고 그러지는 않았어요. 그냥 아침에 차가 가면 아침에 같이 있다가 저녁때면 들어오고 그런 정도.

7
활동에 참여한 이유

면담자   모든 가족분들이 다 하신 것은 아니잖아요. 그렇지만 어머님께서 참여를 하신 이유가 있나요?

휘범 엄마   그때는 뭐 이유가 하나도 밝혀진 것도 없었고, 그리고 그냥 우리는 그때 그랬잖아요. 우리 애들을 어떻게든 그냥 빨리 빨리 해결하려고만 했고. 그리고 우리가 그때 말했던 것, 이유는 알아야 되고. 제가 그랬었거든요. 우리 휘범이를 보내면서 '엄마는 똑똑하지 않고 다른 사람들처럼 뭐가 뭔지는 모르지만, 내가 다음에 죽어서 너를 만나러 갔을 때 왜 그랬는지 이유는 시원하게 말해

줄 수 있지 않겠냐' 그래서 그 이유는 알아야 되겠고, '왜 아무도 죄 없는 너희들을, 이렇게 했던 사람을 처벌해야 되지 않겠냐' 이유를 알아야 그 사람들을 처벌할 수 있으니까 그것은 봐야겠다.

그래서, 그리고 우리 아들, 둘째가 세 살 터울 나니까 우리 아들 수학여행을 못 갔잖아요. 우리 둘째가 수학여행을, 우리 아들 때문에 수학여행이 그때 당시 폐지가 되었었어요. 그런데 얼마나 가고 싶었겠어요. 그리고 그 친구들 또래들이 얼마나 원망을 하겠어요. 수학여행 가고 싶은데 저 사람들 때문에. 물론 자기들이 생각하기 나름이지만, "이렇게 무서우니까 난 안 갈래" 하는 사람도 있겠지만 "아니 별일 없을 수 있는데 왜 우리는 못 가게 해" 이런 애들도 있을 것 아니에요. 그러면 이걸로 인해서 얘네들은 피해가 생겼잖아요. 그러면 이런 일이 없게 해야 되니까, 앞으로 이런 일이 없게끔 하려면…. 담합이 된 것 같다는 생각도 들었어요.

그리고 사실은 수학여행 갈 때 사전 답사를 하잖아요. 그런데 이렇게 말하면 그 사람들한테는 어떻게 들릴지는 몰라도 학교 운영위원들 있잖아요. 운영위원분들이 학교에서 수학여행을 가면 사전 답사를 가요. 그러면 [운영위원들도] 얘네들이 배를 타고 가면 배를 타고 갔다가 비행기를 타고 오면 비행기를 타고 오는 게 맞거든요. 근데 제가 알고 있기로는 단원고등학교에서 비행기를 타고 갔다가 비행기를 타고 왔었어요, 엄마들이, 학부모 위원들이. 그것도 저는 안 된다고 생각하거든요. 왜 자기네들은 편하게 가냐고. 그런 것도 저는 고쳐져야 한다고 생각을 했기 때문에 하나하나 다 바꿔

줘야 된다고 생각을 했었어요. '나는 아니겠지' 하는 그런 것 때문에도.

그래서 내가 내 자식을 먼저 보냈기에 떳떳하지는 못하지만, 다음에 내가 다 살고 어떻게 휘범이 너를 만나러 갔을 때 용납은 안 되고 이해는 안 되겠지만, "이렇게 이렇게 되어서 이런 상황이 벌어졌다" 이 말은 해주고 싶었어요. 그래서 이유는 알아야 되겠다. 그런데 다른 사람만큼은, 다른 사람은 10번 가면 나는 10번은 못 간다, 체력이 안 따라주고 동생도 있기 때문에. 그렇지만 이유를 알아내려고 최선을 다하고 그 사람들의 그 얼굴 좀, 낯짝 좀 봐야겠다는 마음으로 갔죠.

그랬는데 뭐, 우리가 청운동으로 간 이유는 박근혜한테 대답을 듣고 만나려고, 면담을 요청하기 위해서 최대한 가까이는 갔지만 한 번도 성사가 된 적은 없었기 때문에 실제로 계란으로 바위 치기지만, 그래서 저는 더 갔던 것 같아요, 휘범이한테 미안해서. 그리고 차근차근 가다 보니 그 마음이 좀 약해지는, 옅어지더라고요. 예전에는 이런 마음이 100이었다면 하루하루 가면 갈수록 나태해지기도 하고, 50으로 떨어지기도 하는 마음들이 있었어요. 그런데 그래도 '다음에 만났을 때 엄마가 이유는 알려주마' 그런 마음이에요, 지금도. 지금도 저는 휘범이한테 가서 뭐라고 할 말이 없어요. 이유를 모르니까. 뭐 배가 과적했네, 노후 됐네, 이런 걸로는 대답이 안 되는 거니까.

면담자   또 참여하시면서 가족분들, 반의 어머님들, 아버지

115
•
2회차

들 하나하나 챙기는 부대표 일을 하시게 된 거잖아요. 어떻게 하시게 된 것인지, 어떻게 결정하게 되었는지요?

휘범 엄마   그냥 우연치 않게 됐어요. 그냥 그때는 어떻게 해서 됐는지는 모르겠는데, 그리고 반에서 물어봐서 반에서 뽑았던 것 같아요. (면담자 : 진도체육관에서 한 건가요?) 진도체육관에서는 그렇게 할 여력이 없었고요. 진도체육관에서는 밴드 만들고 이런 거 정도밖에 안 했고, 이제 다 찾아가고 차근차근 올라오면 조금조금 시간은 사람마다 다 틀렸지만, 분향소를 나오기 시작했죠. 우리 분향소 유가족 대기실. 그래서 오다 보면, "몇 반이세요?" 그러면 "4반이에요" 그러면 4반으로 모이고 이렇게 이렇게 모이고 중간중간에 계속 모였었어요. 와스타디움 같은 데에서 계속 임원진을 뽑으면서 계속 모였어요. 시신 수습되고 되는대로 모였기 때문에 거기에서 1기 우선 그때 되는 대로 임원진을 뽑았기 때문에 그것 뽑고 난 다음에 "4반 모여라" 해서 4반에서 반 대표 뽑고 부대표 뽑고 했던 것 같아요. (면담자 : 그때 직접 하시겠다고) 아니에요. "지금도 하고 있고 그래 하니까 해줬으면 좋겠다" 그렇게 해서 된 것 같아요. 네, 그래서 그때는 그냥 했죠.

면담자   혹시 2014년에 그 특별히 더 기억나는 장면이 있으세요? 힘들거나 가슴 아팠던 경험일 수도 있고, 그래도 좋게 기억나는 장면일 수도 있고요.

휘범 엄마   2014년 그 이후에요? 그 이후에는 별 좋은 기억도 없

휘범 엄마 신점자

고, 그냥 힘들었던 것밖에 없었던 것 같아요. 그리고 저를 알고 있던 사람한테 연락이 와서 서명을 받는데 우연치 않게 그 자리에 와서 만났던 적, 그런 것도 있지만, '아, 사람들이 다 나쁜 사람만 있지는 않구나. 내 편이 많구나' 이런 생각을 했었죠. 자식 일이다 보니까 엄마들도 되게 가슴 아파하고 안아주고 이런 경험을 많이 했거든요. 그런 것만 있지 특별나게 그런 것은 없었어요. 그리고 도되게서명을 받아서 국회에 갔을 때, 모든 분들이 길거리에서 박수 쳐주고 막 그랬어요. 일행 아닌 주위의 가는 사람들 있잖아요. 박수 쳐주고 힘내시라고 했던 것. (면담자 : 2014년 7월 19일에) 네, 네. 그때 갔는데 주위에서 막 힘내시라고, 힘내시라고 박수 쳐주셨던 분들이 계셨어요. 도보할 때도 물론 그랬고, 힘내시라고 힘내시라고.

8
2015년 활동

면담자   계속해서 도보와 투쟁이 이어졌던 거잖아요. 2015년으로 넘어와서는 팽목항까지의 도보 행진은 아까 말씀하셨고, 또 삭발식이 있었던 후에 1박 2일간 광화문까지 도보 행진 하는 일들 기억나세요?

휘범 엄마   네. 그때는 애 아빠가 갔어요. 끝나고 올 때 기어들어 오더라고요. 자기의 불찰이 얇은 신발을 신고 갔는데, 그때는 또 비가 왔어요. 그래서 광명에서 '장애인 센터'에서 자고 갔는데 그때 애 아빠가 걸어갔어요. 여기서부터 해서 분향소부터 해서 수암으로 해서 광명으로 해서 여의도로 걸어갔어요.

면담자 세종시 해수부 항의 방문도 하셨지요?

휘범 엄마 거기도 갔어요. 그때 갔을 때 경찰이 쫙 깔려 있고 그때는 임원진 두 분인가만 안으로 들어갔어요. 두 분으로 알고 있어요. 유경근 씨와 전명선 씨가 들어가고, 또 다른 분이 들어갔는지는 모르겠지만, 우리는 밖에 경찰이 쫙 깔려 있고, 도로에 앉아 있고, 도로에 앉아 있다가 그냥 결론은 또 왔어요. 다리 밑에서 자장면 한 그릇 시켜 먹고 또 왔어요.

면담자 보통 다니실 때 아버님이랑은 같이 다니셨어요, 아니면 따로따로?

휘범 엄마 아니요. 따로따로 다녔어요. 이렇게 낮에, 도보 같은 거라든지 밤에 그런 것은 애 아빠가 갔고요, 제가 다리 때문에. 이렇게 당일치기라든지 이틀이 되더라도 차 타고 가는 것은 제가 좀 갔고요.

면담자 어떤 분들과 같이 가셨어요?

휘범 엄마 그때는 차가 일반 반별로 갔었어요. 우리 반에서도 적지 않게 갔거든요. 반별로 10개가 갔는지는 모르겠지만 우리 4반은 4반만 갔어요, 그 차에. 내릴 때 보니까 차 탈 때 우리가 자꾸

서로 사진을 찍었는데 보니까 저희 반이 좀 갔는데, 저희 4반만 있었던 것 같았는데. 아닌가? 하도 다른 게 많아서 우리 서명 다닐 때는 반별로 갔거든요, 차를. 몇 대 몇 대는 이리 가고, 몇 대 몇 대는 이리[저리] 가기 때문에. 그리고 또 현장 좀 여기서 좀 하다가 또 이쪽으로 이동하려면 거기에 시민분들 차를 태워야 하기 때문에 반별로 갔는데, 그때도 4반이 한 열 몇 분 갔어요, 세종시 갈 때. 그러니까 4반끼리 사진을 찍은 게 있었거든요. 근데 열 몇 분 갔어요. 그때 노란 티 반팔 입고, 그러고 갔었어요.

면담자   그때 4월이었는데 1주기 되어서 집회가 크게 열리잖아요. 혹시 1주기 때 기억은.

휘범 엄마   1주기 때가….

면담자   1주기 때는 사실 광화문 연좌농성을 가족분들이 하시고 4월 18일이 아마 이때가 토요일이어서 시행령 폐기 집회가 크게 열리는데 이때 시민들 연행되고 갈등 있던 때예요.

휘범 엄마   네. 그때 엄마들도 우리 유가족 어머님, 아버님들도 몇 분 많이 연행이 되셨어요.

면담자   어머님도 계셨어요?

휘범 엄마   그때 저는… 애 아빠가 간 것 같아요. 기억이 안 나요. 있었던 것 같기도 하고. 기억이 좀 가물가물해요.

면담자   그 이후에 5월 1일에 노동절이라고 1박 2일로 철야

농성하고 이때 캡사이신 넣은 물대포 맞을 때인데.

휘범 엄마   그때도 애 아빠가 갔었어요.

면담자   아버님 괜찮으셨어요?

휘범 엄마   광주니까 최루탄을 많이 냄새도 맡아보고 그랬는데, 괜찮았어요. 괜찮았고.

면담자   (웃음) 아버님은 광주에서 대학생활 하셨어요?

휘범 엄마   네. 그리고 저희 언니도 와서. 근데 이제 이쪽으로 밀집되어 있기 때문에 피해본 사람들도 몇 분 있었지만, 괜찮았었어요. 괜찮았어요. 아, 눈이 맵고 하긴 하는데 정말 직격타를 하지는 않았어요. 손도 벌겋게 되어 오긴 했는데 괜찮았었어요.

〈비공개〉

9
동거차도 감시단, 교실 존치 문제

면담자   그 후에 동거차도 감시단 활동이 시작되는데요.

휘범 엄마   동거차도 감시단에는 그 돔 지어놓고 저는 못 갔고요. 애들 아빠가 두 번, 우리 일주일 단위로 갔었거든요. 일주일 단위로 갔었는데 애 아빠가 두 번 갔었어요. 그래서 한번은 원래는금, 토, 일로 한번은 갔는데 배가 안개 때문에 못 떠서, 그리고 하루 더 있다가 오고. 그때 우리 반에서 성호 아빠나 하용이 아빠나 휘범이 아빠 같이 있다가. 여름에 그렇게 하고 왔었어요.

면담자   아버님 구술을 해야 될 것 같은데(웃음) 그 2015년부터 여러 가지 일들이 있는데 이때도 아직 부대표하고 계실 때잖아요. 교실 존치 문제가….

휘범 엄마   교실 존치할 때는 부대표 바뀌었는지는 모르겠는데, 교실 존치할 때도 이제 우리 학교 앞 1층에서 돗자리 깔고 있었죠. 교실 뺀다고 할 때.

면담자   교실 존치 관련해서 기억나는 대로 이야기해 주시겠어요?

휘범 엄마   그때도 어느 날 갑자기 이삿짐 차가 학교[교실]를 뺀다고 연락이 와서 애들 아빠도 밤에 퇴근하다 가고, 그런데 한번은 무산됐었거든요. (면담자 : 막으셨죠) 네. 그다음 번에는, 이제 실행이 되었죠. 우리가 시끌시끌하긴 했지만, 그때 바뀐 교장도 있었고 막무가내였었어요. 그리고 여기에서 우리가 학교를 며칠 동안 지킨다고 지켰는데 결론은 뺐잖아요.

면담자   교실에 자주 가셨어요?

휘범 엄마   예, 자주 갔어요. 저희는 그때 제가 부대표 조금 하다가 다른 분한테 넘겼을 때만 해도 교실에, 가을에 2014년 가을이었던 것 같아요. 2014년도 가을에 국화가 나니까, 노란 국화를 우리 반에 생존자는 안 하고 희생자한테만 노란 국화를 갖다 놨었고요, 가을에. 그리고 가을이 되니까 꽃이 지니까, 단원고등학교 행정실에 제가 전화를 해서 이 국화를 단원고등학교에다 심어주십사하고 연락을 했었어요. 그랬더니 확인해 보고 연락을 주겠다 해서 심어주셨어요. 어디에다가 심었는지는 모르겠는데, 심을 수 있다고 하니까 심어주셨고. 또 겨울을 날 수 있는 화분을 또 한 번 사서 또 갖다 놨기 때문에 물을 주러, 겨울에는 자주는 물을 안 줬지만 국화로 할 때는 일주일에 한 번씩은 그래도 최소 갔어요. 그리고 물티슈로 책상도 닦고. 내 애기 책상만이 아니라 공지 올렸죠, 어느 날 교실 청소 간다고 오실 수 있는 분들은 와주십사 하고. 그러면 그래도 못 해도 예닐곱 명은 최소로 오셨었어요, 저희 반은. 오셔서 닦고 화분에 물 주고, 그다음에 또 한가운데 올려놓은 화분에 물 주고, 빗자루질하고. 저희 반은 그랬었어요. 그리고 이제 청소를 와서 자주 했죠. 뒤에다가 물티슈 같은 것도 많이 갖다 놓고 그렇게 해서 청소 자주 하고. 교실 뺄 날도 빼지 못하게 우리가 밑에서 농성할 때도, 저희 반은 많이 오셨었어요. 그래서 거기에서 원예, 공방 프로도 거기서 앉아서 하고 노란 리본도 만들기도 하고 뜨개질도 하고 그렇게 했었어요. 엄마들이 얼마 안 남아 있는 시기여 가지고, 그때 당시로.

면담자   교실 존치와 관련해서도 학부모들 사이에서도 의견이 많이 갈렸던 건가요? 단원고 재학생 학부모라든가.

휘범 엄마   우리하고 생존자하고 굉장히 많이 안 좋았죠. 아니 생존자 아니고 지금 재학생들. 그랬기 때문에 2015년도 신입생을 받을 때도 올림픽 기념관에서 하고 그렇게 했거든요. 그때도 막 신입생들한테[쪽으로부터]는 "니네들은 이제 그만해야 하지 않겠냐, 신입생들한테 교실이 부족하다고 하는데 양보를 해야지" 하면서 계속 그렇게 안 좋았었어요. 그 단원고등학교 측하고 단원고등학교 학부모하고도 우리하고도 안 좋았고, 또 희생자이지만 새로 학교에 들어가는 동생들도 있잖아요, 또 생존자도 있고. 그래서 좀 안 좋았죠. "언제까지? 우길 걸 우겨라. 교실은 한정되어 있는데 빼줘야 하지 않겠냐? 그리고 '무섭다'고 한다, 애들이. '언제까지 거기를 돌아서 다녀야 되냐?'고, '그 길을 놔두고 돌아다녀야 하냐?'"고 하고 그랬었대요.

면담자   유가족분들 사이에서도 의견이 다양했나요?

휘범 엄마   앞에서 표현을 안 했겠지만, 음… 잘은 모르겠어요, 우리는. 존치하자는 게 많았어요. 속마음은 '아프다 빼고 싶다' 하는 사람이 있었을 수는 있겠지만, 그거를 인원수가, 유지하자고 하는 사람이 많다 보니까 자기 속내를 표현 못 한 사람도 있었을 수도 있겠죠.

면담자   어쨌든 회의에서는 그래도 다 존치를 하는 쪽으로 동의를 한 것으로.

휘범 엄마   "뭔가 해결도 되지 않았는데 하나하나 빼려고 하는 게, 이게 안 된다, 빼더라도 지금은 아니고 뭔가 수습이 되고 우리 애들을 어떻게 할 것이라는 방안이 나와야지 빼고도 빼는 건데. 그리고 그 자리를 놔두고 이쪽으로도 다 할 수 있는 부지가 많기 때문에, 우리는 여기를 영구보존하자. 옆에다 교실 더 짓자" 이. 옆에다죠. 그리고 그 밑에 또 단원고등학교 올라가는 거기를 그쪽으로도 빼자는 말도 있었고 했었어요. 볼 수 있게끔 하자고 했는데 결론은 교육청에서 그렇게 결정을 내려서 우리하고 합의한 것은 아니에요. 내가 알고 있기로는 합의한 것은 아니고, "그럼 어디로 옮기겠냐?", "이리로 옮기겠다" 그렇게 해서 그렇게 통보했다고 알고 있어요.

10
민중총궐기 집회, 김제동 토크쇼

면담자　　　그해에 가을에 민중총궐기 대회가 열리고, 백남기 농민이 돌아가시는 이때인데요. 지금 말씀드리니까 참 예전일 같지만, 그때는 뭔가 생생하게 일들이 지나갔잖아요. 기억나시는 것 있으세요?

휘범 엄마　　　그때 저는 백남기 그 농성할 때는 TV로 봤어요. 그때 근데 우리 엄마들은 참석을 많이 했었죠, 피해도 많이 봤고. 그리고 애들 아빠는 한 번 정도 갔는지 두 번 정도 갔는지는 모르겠는데, 그때 정확하게 기억은 안 나는데 그때 우리 부모님들도 가서 흩어져서 그때 뭐 피해보신 분들도 많이 있었었어요. 그때 4·16TV 하신 분도 직접적으로 물대포, 완전히 백남기 농민처럼 맞지는 않았지만, 그렇게 많이 맞고. 그때 같이 활동하신 분들도 피해를 많이 보고 했었어요. 저는 참여는 안 했고 TV로만 봤었어요.

면담자 　　당시 집회를 할 때 부모님들이 많이 가셨잖아요. 세월호 관련 집회가 아니라도 다른 것도 연대를 많이 하시고. 혹시 어머님도 그런 적이 있으셨어요?

휘범 엄마 　　저는 예를 들어 1000일, 몇 주기 이럴 때는 갔는데, 그거 아니고는 별로 서울을 많이 안 갔었어요. 안 가고 안산시에서 하는, 뭐 그런 데는 조금씩 갔지만 별로. 그 물대포, 뭐 다음에 그런 게 나온 뒤부터는 솔직히 말해서 무서워서 못가겠더라고요. 무서워서 못 가겠어. 그리고 연행되고 한다고 했을 때도 저희 반의 언니도 한번 연행되고 그랬거든요. 저희 반 웅기 언니도 연행되고 그랬거든요. 그런 것을 보니까 무서워서 못 가겠더라고요. 무서워서, '거기서 흩어지면 어떻게 되나' 해서. 그래서 무서웠어요.

면담자 　　부모님들 사이에서도 그런 것으로 이야기 많이 하셨어요? "이제 어떡하나".

휘범 엄마 　　아니요. 웃으면서 이야기했었어요. "이런 일도 있었대" 그런데 이제 공지 떠서 아무 말 하고 있지 말고 있으라고 우리 변호사가 나서겠다고 이렇게 이렇게 하고 그냥 그러고 또 조용히 넘어가요. 별로 대수롭게 생각 않더라고요. 한 번이 무섭지.

면담자　　　굉장히 많은 분이 가족분들과 함께 하셨잖아요. 변호사 같은 분도 있고, 아까 4·16TV 그런 방송, 언론, 작가, 활동가가 다양하게 분향소 근처에 계셨을 텐데 혹시 기억나는 활동 있으세요? 마주친 분들이라든가.

휘범 엄마　　　이제 뭐 변호사들이라든가 국회의원들 많이 봤고요. 우리 가족 대기실에 있으면 많이 오셨어요. 지금은 대통령 됐지만, 대통령 되기 전에는 문재인 그때는 국회의원이었잖아요. 자주 오셨고요. 그리고 많이 오셨었어요, 거기 있으면. 자주 뵙고 자주 악수하고 그랬던 것 같아요. 그리고 TV에서 봤는데 '저분이 누구지?' 하는 사람 있잖아요. 막상 딱 오시면 생각이 안 나잖아요. 그런 분들 많이, 많이 오셨어요. 그다음에 이번에 또 노동당[정의당] 노회찬 그분도 많이 오셨고, 심상정 국회의원도 많이 오셨고, 자주 오셨어요.

　　그리고 저는 그 계기로 연예인들도 막 와갖고 보기도 하고. 김제동 씨랑 많이 친해져 가지고 서명 다니면서 김제동 씨랑 친해져서 서울에서 같이하고, 또 저 바람 좀 쐬라고 부산에 초대해 가지고 그때 김제동의 '노브레이크' 시즌 6이었던 것 같아요. 그때 저한테 연락이 와서 잠깐 안산에서나 서울 근교에서 있으면 힘드니까, 부산에 그때 언니가 산다고 하니까 부산에 한번 내려와서 우리 보자고 해서 한번 초대해서 갔다 왔었어요.

면담자　　　그 서명운동 같이 하시는 기사를 봤는데 어떻게 혹시 만나셨는지.

휘범 엄마　　그때 저희 아들이 휘범이가 김제동을 좋아한다 그렇게, 사실은 김제동이를 좋아[하긴]했지만, 이승기를 굉장히 좋아했거든요. 이승기 사인을 받으려고 부단히 노력을 했었어요. 그때 이승기가 '1박 2일' 했고, 저쪽 SBS에는 '런닝맨'에 송중기가 있었거든요. 그런데 우리 휘범이는 그런 사람들을 좋아하더라고요. 이승기나 송중기를 굉장히 좋아했어요. 근데 제가 은연중에 "김제동이가 좋더라, 말도 잘하고" 뭐 그러니까 "엄마, 나도 김제동이가 좋아요" 이렇게는 했었는데, 이승기를 제일 좋아했었거든요, 우리 휘범이가.

우리 반에 정무 아빠가 반 대표 했었을 때 저희가 서울에서 서명전이 있는데 그 지원 요청을 갔었어요. 그 정무 아빠가 "김제동이 온다고 하더라. 그러니까 휘범이가 김제동이를 좋아했다고 하니까 휘범이 엄마랑 나랑 우리 반에서 가자" 그렇게 나왔었어요. 그래서 갔는데 정무 아빠가 그 이야기를 했었었어요. '휘범이가 김제동이를 좋아했다'라고. 그래서 그때 둘이 끼고 있는 팔찌를 교환했죠. 저는 노란 팔찌를 주고 김제동 씨는 빨간색 은나노가 들어 있는 팔찌를 주면서 이거 휘범이한테 갖다주라고 하더라고요. 그래서 휘범이 지금 효원에 납골당에 넣어줬어요. 그게 계기가 되어서 거기 매니저한테 연락이 와서 한 번씩 가끔 통화했죠. 그리고 이제 김제동 씨가 직접 연락을 했었어요. "잘 지내고 계시냐"고, "힘내시라"고 그러면서 "부산에 초대 한번 해보고 싶다" 해서 그래서 부산에 갔다 왔었어요. 그래서 부산에 거기에서 김제동 씨가 좋았던 것이 뭐냐면, 토크쇼가 다 끝나고 난 다음에, 제가 팔을 다쳐서 깁스했었거든요. "여기 지금 세월호 유가족이 여기 와 계신다"고, 근데 "이렇게 힘든 시기에 여기 왔다"고 하면서 "그분한테 많은 힘을 실어주라"고 그렇게 "박수 부탁한다"고. 그래서 제가 너무 많이 울었어요, 거기에서. 토크쇼에서 너무 많이 울었죠. 앞에 내비치지 않고, 그러면 부담스럽잖아요. 그렇게 힘을 실어줘서 그 이후로 더 좋아하게 된 것 같아요. (면담자 : 지금도 연락하세요?) 아니요, 지금은 연락 안 하죠. 그분이 워낙 또 바쁘신 분이잖아요.

11
『다시 봄이 올 거예요』, 『416단원고약전』

면담자　　　　작가들이랑 작업하면서 책도 내시고, 부모님들 간담회로 많이 다니셨는데 『금요일엔 돌아오렴』 책이랑 『다시 봄이 올 거예요』에 어머님 참여하셨어요?

휘범 엄마　　　『다시 봄이 올 거예요』는 우리 ○○이가 참여했어요. 사실 『금요일엔 돌아오렴』은 저희는 서명 다니고 그러느라고 솔직히 말해서 그 책이 나온지도 몰랐어요. 저희 반에서 한 분이 참여했는데 그분은 지금도 저희 반에 나오지 않는 분이에요. 근데 그것을 했다고 해서 뭐라 하는 건 아니고, 저희는 나중에 보니까 우리는 서명하고 돌아다니느라고 그런 책을 낼 거라는 그 자체도 몰랐어요. 근데 나왔었어요. 근데 하나같이 물어보면 여기 기억[저장소]소장도 그런 걸 언제 했는지도 몰라요. 우리는 도보며, 뭐며 일이 원체 많았었거든요.

맨날 만나서 반끼리 회의하고 했는데 그게 언제 나왔는지도 모르게끔 나왔었고, 나중에 후작으로『다시 봄이 올 거예요』연락이 왔는데 형제자매들이라고 하더라고요. 근데 저희도 ○○이한테 말은 했어요. 공지에 떴거든요, 그때 그거는. 근데 말이라도 하니까 "안 한다"고 하더라고요. [그래서] 너는 하지 말라고, 그래도 엄마라 말은 해야 하니까. 근데 내가 그런 이야기를 했죠. "네가 하고 안 하고는 네가 결정하는 거고 기억이 자꾸 희미해지니까, 엄마는 그렇다"고. "엄마도 지금 그때 누가 뭐 물어보면 얼마 안 되었는데도 자꾸자꾸 기억이 희미해진다. 근데 너도 그럴 수 있을 거라고. 그래서 나는 기억을 한번 되짚어 보는 것은 나쁘지 않다고 생각한다". 지금 우리가 하는 이유도 그거고요. 지금도 가물가물한 게, 생각이 안 나는 것이 많은데. 그랬더니 자기가 하룬가 이틀인가 지나더니 "엄마 저 그거 한번 해볼래요" 그러더라고요. 그래서 ○○이가 한 거예요.

면담자   ○○이가 직접 결정을 한 거군요.

휘범 엄마   네.

면담자   나중에 힘들었다거나 얘기하지는 않았어요?

휘범 엄마   그런 것은 없었고요. 우리 ○○이가 말하고 이런 것 좋아하니까, 작가님이 ○○이하고 만나기 전에 저를 한번 만났고, ○○이랑 자주 만났어요. 그리고 밥도 먹기도 하고, 끝나고 또 저를 한 번 더 만났어요. 그러면서 "혹시 하기 전에 ○○이한테 이런 거 물어보지 않았으면 좋겠다 하는 거 혹시 있냐"고 그러더라고요. 저는 "그런 것 없다"고, "만약에 물어봤을 때 할 수 있는 말이면 할 것이고, 자기가 말하기 곤란한 것 같으면 그런 거는 자기가 안 하면 안 한 거지, 그냥 뭐 그런 거 없다"고 그랬거든요. 그랬는데 "너무 좋았다"고 작가 선생님이 그러더라고요. 너무 저를 위로하[셨]죠. "너무 ○○이 잘 키우셨다"고. 그렇게 말씀하셨어요. 그리고 책 나오기 전에도 한번 선생님이랑 둘이 만나서 식사도 하더라고요. [출간]하고 지금도 가끔 한 번씩은 저한테 카톡 와요. 그리고 우리 아들 『약전』[『416단원고약전』] 해주셨던 선생님하고 가끔 만나기도 했고요. ○○이 만났던 선생님도 이번에 명절 잘 보내라고 연락이 왔고요.

면담자   『약전』 말씀하셨는데, 『약전』은 어떻게 진행되었는지 혹시 기억나세요?

휘범 엄마   『약전』은 그런 걸 쓴다고 하더라고요. 그때도 저희 반에 물어봤죠. 희망하시는 분, 희망하지 않으시는 분. 결론은 안 하시는 분이 처음에는 있었는데 결론은 다 했어요, 저희 반은. 다 했고, 선생님들마다 작가마다 부모님하고 이야기해서 '아, 우리는 이렇게 하면 되겠다' 하는 뭔가를 스토리를 만들어[가지고] 그 있는 거를 애기 때 [이야기를] 할 것인지[어떤 내용을 할 것인지] 각자 다 이야기를 하셨나 봐요. 저 같은 경우도 우리는 무슨 선생님이 보더니 일기 형태로 하자고 하더라고요. 그렇게 하면 좋겠다고. "아, 그렇게 하시자"고. 그래서 선생님이 요구하는 대로 내가 어땠냐 가르쳐만 주면, 『약전』이 나왔어요. 그리고 수정할 거 한번 나오면서 뭐 그냥 안 해도 될 것 같다고. 우리는 그냥 일상이에요. 엄마하고 휘범이하고 저하고 하던 대화, 그냥 오늘 아침에 일어나서 학교 가기 전에 있었던 일, 학교 갔다 와서 있었던 일, 그런 이야기만 했었어요. 뭐 그렇게 긴 세월에 있는 게 아니라(침묵).

12
2016년 제적처리, 교실 이전, 대통령 탄핵, 재판 참관

면담자   2016년의 활동 중에서 몇 가지 여쭤볼게요. 2주기 때 촛불문화제 하셨던 게….

휘범 엄마   어디에서 했죠?

면담자   그것도 아마 광화문이었을 텐데요.

휘범 엄마   그럴 때는 간 것 같은데, 그런데 기억이 안 나네요.

면담자   그때 학생들 제적처리를 한 게 발견된 적이 있잖아요. 이때 혹시 기억나시는지. 원상 복귀 하라고 농성도 하시고 하셨었는데요.

휘범 엄마   제적처리한 것도 며칠 있다가 알았는데, 그때 어떻게 알게 되었는지 모르겠는데. 아! (면담자 : 어느 분이 떼보셨다고) 떼봤어요. 학교를 교실 뺐잖아요. 교실 빼니까 어떤 언니가 학교에 가서 뗐어요. 그냥 한 번 뗐다고 하는데 제적처리가 되어 있다고 했어요. 그래서 알게 됐어요. 그날 발칵 뒤집혔죠.

면담자   행정적으로 처리해 버리는 것에 마음이 많이 상하셨을 거 같은데. 남자애들 군대 가는 것에 대해서도 문제가 있지 않았나요?

휘범 엄마   병역, 병무청에서 그 신검받으라고. 신검받으라고 뭐가 왔었는데 저희 휘범이는 안 왔어요. 그게 이번에 24일이 되면 처음으로 건강검진, 스무 살부터로 바뀌었잖아요. 우리 휘범이는 안 나왔는데 다른 애들은 건강검진받으라고 나왔어요, 이 앞 주에.

면담자   아, 24일 됐을 때요.

휘범 엄마   올해가 만으로 스물이잖아요. 올해가 지금 몇 살, 생일자로 자르나 봐요. 올해가 스물세 살이잖아요. 올해 우리나라 나이로 스물세 살이에요.

면담자   만으로 해서 스무 살 때. 그리고 생일 되면.

휘범 엄마   네. 이번에 무슨 건강검진받으라고, 생애 첫 건강검진받으라고 국민건강관리공단에서 왔다고 하더라고요. 근데 저희는 안 왔어요. 저희는 안 왔고 또 어떤 애는 또, 투표권이 안 나와야 하는데 그때 한번 나왔다고 하더라고요, 어떤 애는. 우리 집 애는 신검받으라고도 나오지 않았고요. 건강검진받으라고도 안 나오고. 아무것도 안 나왔어요, 저희는.

면담자   이때 교실을 옮기고 기록물을 정리하는 일들이 있었는데 관련해서 기억나세요?

휘범 엄마   그때 박스에다가 자기 애들 짐 쌌거든요. 저는 짐 싸고 와서, 그때는 왔었어요. 와서 짐 박스에다가 싸고 나서 휘범이 자리에 앉아서 사진도 한번 찍었고요. 그리고 이제 가지고 나오는 거하고 가지고 옮기는 것, 차에 싣는 것까지는 우리는 안 하고 일반 모집을 했었어요. 그래서 그분들이 차에다 싣고 차가 떠나는 것까지 봤죠. 떠나는 것까지 보고 여기는 오지 않았어요. 차가 떠나서 여기로 왔잖아요. 그런데 여기는 오지는 않았어요. 학교에서만 봤어요. 학교에서 짐 싸는 것, 짐 싸서 거기서 사진 한번 찍고 그러고 난 다음에 우리들은 다 나가고 엄마들은 있다가, 진행이 되니까 밖에 나가서 보다가 차에 짐 실은 것까지만 보고 차 떠나고 저는 집으로 갔던 것 같아요. 여기는 안 왔어요. 여기 올리는 거는 안 봤어요.

면담자   많이 심란하셨겠어요.

휘범 엄마   그때 뭐, 그랬죠. '또 여기서도 쫓겨나는구나' 그런 생각 있잖아요. 당연히 졸업하고 나와야 하는 것은 맞고 또 한편으로 생각하면 후배들에게 양보하는 것도 맞고. 나의 이기적인 생각만 하면 안 된다는 생각을 잠깐 했었어요, 저도. 양면성이 있다 보니까, '그래 후배들이 무섭다고 하는데 우리가 비켜줘야지' 하는 생각도 있기도 하면서, '내가 나 좋자고 잡고 있으면서 후배들한테 불이익을 줄 수는 없지 않겠냐'. 우리가 이렇게 아프다고 너네들까지 아프라는 법은 또 없잖아요, 사실은.

그런 생각을 또 하다가도 일방적으로 자기들이 정해서 자기들이 일방적으로 내쫓으니까 그러니 더 나가기 싫은 것 있잖아요. 그랬는데 하나도 해결되지 않고 또 여기서도 이렇게 물러나는구나. 우리가 이렇게 노력을 해봤자 결론은 다 우리대로 안 되고 다 너네들대로 되는구나. 그런 허탈감이 많았죠. 속상했죠. 안 그래도 아픈 애들을 더 아프게 사지로 내몬다는 느낌이 드니까 속상했어요.

면담자　　그런 일들이 있었던 후에 탄핵 집회가 열리잖아요. 그전에는 전혀 생각도 못 했던 일들이 일어나고 최순실 얘기 나오고, 그리고 7시간 관련되어서 계속 보도가 나왔는데 이런 것이 밝혀지는 것이 보면서 어떤 생각이 드셨어요?

휘범 엄마　　그러니까 그게, 저는 다른 것은 모르겠고 사고 났을 때 7시간의 행적에 대해서 보톡스로 뭐, 주사를 맞았네, 집무실에서 보고를 받았는데 몇 번 노크해도 뭐 나오지도 않았네, 뭐 이런 것이 있었잖아요. '그게 과연 있을 수가 있을까'. 그런데 있었으니까 이런 게 나온 거잖아요. 우리로서는 감히 상상할 수 없는. 회사를 다니면 어떻게 그렇게. 최순실이 다, 최순실이가 대통령이고 자기는 옆에서 그냥 보조도 아니고, 그냥 그냥 했다는 그거잖아요. '그게 있을 수 있나? 쟤가 허수아비인가?' 이런 거. 그러니까 우리 애들 것도 '아, 쟤가 그쪽하고…' 좀 뭐라 그래야 하지 좀, 병… 욕밖에 안 나왔죠, 욕밖에. 앞에 어디 갔을 때도, 미국 대통령하고 이야기할 때도 보면, 너무 티도 나고 무식하고 대통령으로서, 사람을 보는 것이 아니라 우리나라는 당을 보거나 아빠만 보고 뽑았잖아요, 지금. 그랬어요. 뭐, '쟤 때문에, 이런 것 때문에 우리 애들이 미끼였구나' 이런 생각 막 들었죠.

면담자   촛불집회 때도 광화문 많이 나가셨어요?

휘범 엄마   네. 굉장히 주말마다 있었는데 주말마다는 못 갔어요. 제가, 추울 때니까 많이 못 갔고 그때도 촛불집회는 애들 아빠가 많이 갔죠. 애들 아빠가 많이 가고…. 그리고 탄핵되는 날은 저는 집에서 봤었어요. 탄핵되는 날은 둘 다 그때는 못 갔었던 것 같아요. 그래서 되게 아쉬웠었어요. 탄핵되는 날 탄핵 집회하고, 대통령 뽑힌 날, 더불어민주당에서 여러 명이 나와서 후보가 한 명 뽑힌 날, 그날 우리도 갔거든요. 저는 그때 집에서 봤고 탄핵되는 [날] 탄핵 집회는 낮에 있으니까 그때 집에서 TV 틀어놓고 제가 낮에 봤고, 집회는 낮에 있었기 때문에. 그때 못 간 게 되게, 좀 아쉬웠어요.

면담자   그렇군요. 전국에 간담회 진행하실 때 나가셨나요?

휘범 엄마   저는 간담회는 한 번 갔어요, 한 번. (면담자 : 어디?) 순창에 〈다이빙벨〉찍었던 감독님하고 여기 기억[저장소]소장 도언이 엄마하고 재강이 엄마하고 저하고 하용이 엄마하고 이렇게, 한 고운이 엄마하고 이렇게 갔던 것 같아요.

면담자   어떠셨는지 기억나세요?

휘범 엄마   그때 저는, 그냥 어떻게 하다 가게 됐어요. 그때 질문을 했는데 무슨 질문을 했는지…. 우리 어떻게 지내고 있냐는 것[을] 물어봤었어요. 그게 질문을 몇 개 뽑아 왔는데 인원이 많다 보니까 이 사람은 이거, 이 사람은 이거, 이렇게 했어요. 저는 "요즘에 참사 이후에 어떻게 지내고 있냐?" 그거를 물어봤었던 것 같아요. 그래서 그냥 지내고 있는 이야기 했어요.

면담자   안산에서도 선전전이나 마을마다 활동이 있었는데, 선부동, 중앙동, 상록수역에서 하는 선전전도 참석하셨어요?

휘범 엄마   아니요, 그건 참석 안 했어요.

면담자   참석 안 하시고. 재판들이 쭉 열리잖아요….

휘범 엄마   재판도 초창기 때 광주법원도 몇 번 갔고요, 그다음에 요즘에도 얼마 전에 동부지법이라든지 중앙지법에 갈 때도 몇 번 갔고요. 광주는 될 수 있으면 초창기 때 가려고, 그때 선장, 선장 재판할 때 우리는 나갈 때 한번 벼르고 있었는데, 한쪽으로 저

휘범 엄마 신정자

쪽으로 빼돌려서 결론은 우리가 밖에 앉아서 농성 피켓 들고 있는데 저기서 커피 마시고 있더라고요, 저 안쪽에서. 그래서 우리가 그랬죠. "죄인을, 애들을 이렇게 많이 수장시켜 놓고 밥도 주고 커피도 주냐"고 그랬거든요. 처음에 갔을 때, 광주법원에 갔을 때. 아침에 일찍 일어나서 준비하고 광주법원에 갔었어요. 그리고 '광주상조회[광주시민상주모임]'에서 주먹밥 해가지고. 광주에서도 지원이 많이 나와서 전국적으로 많이 이슈가 되었기 때문에.

면담자   재판 과정에서 혹시 기억나는 장면이 있으시나요?

휘범 엄마   그냥 제가 재판 갔을 때 그중에 한 분이 졸고 있었었어요. 그래 가지고 부모님들이 뒤에서 입 다물고 있어야 되는데 "너는 지금 여기서 졸고 [있냐?]" [하고 나무라서] 시끄러웠어요. 재판하는 과정에서 졸고 있냐고. 다 모르쇠로 일관하니까. 재판은 듣고만 있으면 천불이 나죠. 그냥 "모릅니다, 아닙니다" 뭐 그런 것만 하고 있으니까. 그리고 한 여자분 또 웃으셔서 또 그게 또 걸려가지고 그랬고.

면담자   특조위 청문회도 참관하셨나요?

휘범 엄마   아니요, 거의 안 갔다고 보면 돼요. 한 번 정도 간 것 같은데 안 가고, 그때 사퇴하라고 한 번 간 것 같아요. 전원책. 그때 한 번 간 것 같아요.

면담자   혹시 해외 지역 방문하신 어머님들도 계시는데 거기

가셨나요?

휘범 엄마   아니요, 저는 안 갔어요.

13
세월호 직립, 5·18유가족 만남

면담자   네, 알겠습니다. 2016년, 2017년 정권이 바뀌잖아
요. 갑자기 인양이 결정되었는데 인양할 때는 가셨어요?

휘범 엄마   직립할 때 갔고요. (면담자 : 목포에 가신 거죠?) 직립
은 목포. 직립은 목포에 가고 그 전날 가서, 전날 갔나, 그날 갔나?
그날 갔나 보다. 직립은 그날 갔고, 하루는 잤는데, 뭐 때문에 가서
잤는지 모르겠네. 직립할 때는 하루 잤던 것 같은데. 기억이 가물
가물해요. 하루를 잔 건 '현대 삼호중공업' 기숙사에서 한 번 잤거
든요, 숙소에서. 직립할 때 잔 것 같아요. 정확히…. 직립할 때도
봤고, 가서 또 하룻밤 자고 가서 봤었던 것 같아요.

면담자   목포 신항에 그렇게 두 번 내려가셨나 봐요.

휘범 엄마   네. 중간중간에 광주 5·18 때, 5·18 행사 참여하다가
갔을 때 버스 대절하고 가니까 그러고 나서 목포에 들렀다 가서 보
고는 왔어요. 근데 [배가] 꼭 가면 광주를 가면 목포를 들렀다 왔었
어요. 그냥 가서 일정상, 거기에서 열심히 일하고 있는 유가족이

휘범 엄마 신점자

있기 때문에 힘을 실어준다는 차원에서, 광주까지 갔기 때문에 목포까지는 갔어요. 왔는데 광주 일정이지만, 꼭 광주 들렀다가 목포를 갔다 왔었어요.

면담자　　　광주 일정은 언제부터 있으셨었어요?

휘범 엄마　　광주는 계속 있었던 것 같아요. 내가 그 이후로 2014년도는 아니겠지만, 15년부터는 5·18때 계속 갔어요. 행사 때 가서 1박을 했어요. 전야제 행사부터 했기 때문에. 5월 17일에 가서 전야제 행사하고 자고, 그다음에 18일에 행사하는 것 보고 그리고 올라왔거든요.

면담자　　　여기에는 가족분들이 많이 가시나요?

휘범 엄마　　많이 갔어요. 많이 갔다가 당일치기로 5월 17일 전야제만 하고 가신 분도 있고요. 5월 18일은 몇 분 안 됐던 것 같아요. 그랬고 또 자는 사람은 아빠들까지 해서 열두세 명 정도 되는 것 같고요. 수녀님들이 지내고 계시는 수녀원에서 한 번 잤고, 한 번은 모텔에서도 잤고, 뭐 그런 것 같아요.

면담자　　　5·18 유가족분들 만나기도 하셨어요?

휘범 엄마　　네, 5·18 전야제부터 만나죠. 어떤 분은 저한테 딸하자고도 하고요. 딸, 딸 삼는다고도 했고요. 그리고 간단하게 뺑 둘러서 5·18 기념관에서 뺑 둘러앉아 가지고 간단한 다과회 뭐 김밥 한 줄씩 먹으면서 이야기 좀 하고, 그리고 5·18 기념관에서 영화 그때 있었던 것 시청이 가능하더라고요. 그런 것 보기도 하고, 그리고 아침 행사 끝나고 거기 들렀다 와요. 그럼 점심때쯤 차가 출발해서 올라와요.

면담자   가족분들 중에는 5·18 관련해서 잘 모르셨던 분들도 있을 것 같고.

휘범 엄마   그런 분들이 많죠. 원래 몰랐다가 이 일로 인해서 우리는 5·18이고 하니까 같이 아파하고 하니까, 그분들도 우리한테 올라오시면 우리는 내려가고. 같은 자식 일이니까. 자식만의 일은 아니지만, 또 공유가 되는 것 같아요, 공감되는 것 같고. 많이 아파하시죠.

면담자   네. 어머님께서는 5·18에 대해서 그 전과 다르게 생각하신 것들 있으셨어요?

휘범 엄마   그런 것은, 저는 밑에 살았잖아요. 저도 전라도 살았는데 그렇게 잘 알지는 못했지만, 들었던 게 좀 있기 때문에. 들었던 게 있기 때문에 그냥 뭐 여기도 이렇게 알고 있었던 것만큼 생각하고 있죠.

면담자   광주에 가면 꼭 목포에 들러서 또 수습하시는 분들을 만나시고.

휘범 엄마   네. 그분들한테 힘을 실어준다고 해서 한번, 그분들은 거기 상주를 하셨잖아요. 물론 돌아가면서 했지만. 우리는 어쩌

다 한 번 가는 거니까 "우리 왔다 간다, 힘내라" 이런 차원에서 1시간에서 1시간 반 정도 있다가 또 올라오죠.

면담자   미수습자 가족분들도 목포에 계시는데 가협 안에서도 만나거나 교류가 있으세요?

휘범 엄마   아니요, 요즘에는 없죠. 아니 요즘에 없는 게 아니라 처음부터 없었죠. 그분들은 애기들을 수습을 해야 하기 때문에, 미수습자이기 때문에 계속 밑에 있었잖아요. 계속 밑에 있다가 다윤이하고 은화는 이제 왔잖아요. 근데 미수습일 때 은화 엄마는, 다윤이 엄마는 밤에 목욕탕에 가면 다윤이 엄마하고 다윤이 언니하고 가끔 봤어요. 근데 저는 아는 체를 못 하겠더라고요, 미안스러워서. 그리고 한 서너 번은 목욕탕에서 봤고. 그리고 은화는 저희 아파트에 살아요. 그래서 동네 돌아다니다 보면 한두 번씩 봤어요. 저희 학교 나왔거든요, 중학교. 근데 여자하고 남자니까 잘 몰랐지만 지금도 얼마 전에도 두 번 길거리에서 우연히 봤어요. 그리고 은화하고 다윤이네도 효원에 있어요. 둘이 같이 2층에다가 해놨기 때문에 오고 가고 할 때 꼭 한 번씩 가서 보죠. 거의 우리들하고는 교류할 시간이 없었잖아요. 우리는 위에 있으면 거기는 수습하느라고 밑에 있고 그렇기 때문에.

면담자   2018년에는 팽목항 분향소도 정리가 되었는데 그 전에 내려가신 적도 있으셨나요?

휘범 엄마   어디, 팽목에요? (면담자 : 예) 팽목은 그때 도보순례

단하고 그 나중에 한 번 정도는 갔는데, 그리고는 그때 또 사고 해역에 한 번 더 헌화한다고 가고는. 팽목은 그러고는 안 가봤어요. 사고 해역 배 타고 들어갈 때 가고 그다음에 작년인가 재작년에 거기에서 무슨 행사가 하나 있었는데, 그때 한번 가봤던 것 같은데. 그때 한번 갔다가 왔던 것 같아요. 그래서 거기서 헌화하고 우리 애들한테 헌화하고, 그러고 왔던 것 같아요. 거기에서 몇 시간 있었던 것 같아요. 오래 있었던 것 같지는 않아요.

〈비공개〉

14
공방 활동

면담자   하신 김에, 공방 활동 하신 것 여쭤볼게요. 냅킨아트 하셨고, 원예팀장하시고, 그동안 어떤 작업을 하셨어요?

휘범 엄마   공방에서는 프로그램이 많이 있었는데 첫해에는 냅킨아트를 했었어요.

면담자   첫해가 2014년이에요?

휘범 엄마   14년 겨울인지 15년인지는 모르겠어요. 15, 16, 17, 18. 15년이나 된 것 같아요. 14년 곧장은 아니었던 것 같아요. 그해에 퀼트가 있었고요. 그다음에 냅킨아트 있었고, 발 마사지 있었고. 그때는 천연화장품이 없었어요. 그다음에 양말목도 있었고 좀 몇 가지가 있었어요. 원예도 있었고. 처음부터 원예는 모르겠지만 있었어요. 그래서 저는 냅킨아트 수업을 들어갔어요. 그리고 조금 있다가 퀼트도 들어갔고요.

계속하다가 냅킨아트 하다가 '엄마장'[엄마랑 함께 하장]을 계속 했었잖아요. 엄마장에 할 거를 판매할 것을 만들기도 하고, 또 자격증반도. 냅킨아트 수업도 듣고, 냅킨아트 자격증반 수업도 듣고, 그리고 냅킨아트 팀장이었기 때문에 우리 엄마장에 나갈 제품도 계속 만들었죠.

면담자　　　공방하게 된 배경이나 이유가 있으셨어요?

휘범 엄마　　　공방은 엄마들이 힐링센터라 그래서 맨 처음에 추모 분과 팀장이 만들었던 것 같아요. 그런데 이제 그 중간중간에 서명 다니고 활동 다니면서 할 때 중간중간 짬짬이 시간이 났을 때는 사람들이 집에 있기를 싫어했었어요. 자기네 집에 있는 거를 너무너무 힘들고 멘붕 상태가 와버리니까. 그리고 노란 리본도 만들고 해야 하니까 공방에서 있었죠.

공방에서 있으면서 프로그램 지원을 받아서 조금조금씩 하기 시작한 게 하나에서 두 개로 늘려서, 두 개에서 세 개가 되고 그랬던 것 같아요. 그래서 맨 처음에는 팀원이었다가 "어떤 프로그램을 하면 좋겠냐" 엄마들끼리 모여서 하다가 "이런 프로그램 해보자", "저런 프로그램 해보자" 해갖고 퀼트도 들어오고 냅킨도 들어오고 했던 것 같아요.

그래서 냅킨팀장을 맨 처음에는 하지 않고 여기 기억[저장소]소장 도언이 언니가 맨 처음에 맡았다가 [4·16]기억교실이 생긴다고 하니까 자기가 거기 가야 될 거 같으니까 저한테 맡겼죠. 그래서 제가 그때부터 하기 시작했죠. 그런데 팀원이기도 하면서 팀장도 맡고 또 지금까지 계속해 왔었어요. 여기 합동분향소 있을 때부터도 계속했고. 그리고 합동분향소가 철거되면서 가족협의회가 저쪽으로 옮겼잖아요. 컨테이너로 옮길 때까지도 이사하는 것도 다 가서 하고요, 이삿짐 싸는 것부터 이삿짐 푸는 것까지 다 하고.

그리고 냅킨아트 하다가 작년에는 원예를 수업을 했죠. 냅킨아트가 없어지고 원예하면서 원예팀장을 맡고 또 계속 엄마장에 가서 판매도 하고, 작년에 엄마장은 나눔, 원예 화분 다육이 심은 것 나눔하고, 그리고 또 작년에만 판매를 안 했지만, 작년 말고는 다 팔았었어요. 그 수익금으로 또 기부하고, 작년에도 했고 재작년에도 했고.

선부동, 와동, 고잔동 장애인 또 노인분들 목도리 나눔까지 다 했죠, 올해까지. 원래는 12월 말까지였는데 1월 한 20일까지, 10일 20일까지 해서 목도리 나눔까지 다 했어요. 공방에 나온 어머님들이 목도리 떠서, 한 사람당 기본으로 10개는 떴을 거예요. 한 15개, 16개 뜬 것 같아요. 목도리 떠서 독거노인분들한테 다 기부했어요. 작년에는 모자하고 목도리 떠서, 재작년에는, 장애인 애들한테 기부했고요. 작년에는 할머니들한테 기부했고.

면담자	잘하실 것 같아요. 원래 좋아하셨어요?

휘범 엄마　　원래 안 좋아했어요. 원래 못해요. 근데 배워서 했어요, 원래 못 했는데. 그리고 이제 참여하고 싶으니까 목도리와 모자는 단순하니까 거기에서 가르쳐줘요. "우리 이렇게 이렇게 뜬다" 그래서 열심히 했죠. 열심히 떴어요. 그리고 노란색은 이번에 우리 5·18 어머님들 이번에 국회 앞에서 농성했잖아요. 그때 노란색 목도리는 5·18 어머니들한테 다 기부했고요.

면담자　　엄마장 물품들 할당을 하시고 만드신다고.

휘범 엄마　　네. 아주 가내수공업 공장 돌렸어요.

면담자　　밤새 만드셨다고 들었어요.

휘범 엄마　　냅킨아트 같은 경우에도, 말라야 되고, 도안 오리고 붙이고 페인트칠하고 마르고 나면 마지막 니스 작업 해야 하지, 한 번만 하면 안 되니까, 돈 주[받]고 판매하는 거니까 또 갖고 갔는데, 솔직히 그분들은 필요해서 샀는데, 2014년도 2015년도에는 필요해서 사지는 않았어요, 솔직히 말해서 그분들이. 우리가 너무 아파하고 아파하는 사람들이 그 아픔을 견디고 이것을 만들었기 때문에 하나씩 팔아주자는 의미로 사 가신 거라고 저는 생각을 해요. 필요한 것은 1이면 "내가 너희들을 위해 해줄 수 있는 것이 없으니 이거라도 도와주겠다"라고 하는 분이 아홉 분이었던 것 같아요.

　　근데 그러니까 질적으로 제가 생각하기에는 '그분들이 그해에는 그랬지만 가면 갈수록 AS도 안 되는 거를 우리가 그분들이 사주는 것은 최선을 다해서 만들어야 되지 않겠냐' 그래서 정말 열심히 했었어요. 그래서 이제는 많은 사람들이 우리 엄마들 솜씨를 알았고요.

그리고 작년에는 온마음에서 지원되는 것은 판매를 하면 안 된다고 해서 작년 같은 경우에는 화분 500개를 기부로 나눔했죠. 스탬프 찍어서 '여기서 무료로 활동할 수 있는 것들 활동하고 오면, 다섯 개 스탬프 찍어서 오신 분들은 다육이 화분을 나눠드립니다' 그 대신 실어가시는 거로. 해서 그때 또 팀장으로 나가서 우리 원예팀이 나가서 했죠.

면담자　　　강사로도 나가신 적 있으세요?

휘범 엄마　　　강사로는 냅킨아트 나갔어요. (면담자 : 어디?) 동사무소. (면담자 : 어떠셨어요?) 좋았었어요. 처음에 되게 떨렸거든요. 근데 좋았어요. 그리고 냅킨아트 같은 경우는 자기가 그림 그리는 게 아니고 냅킨 오려서 자기들이 붙이고 싶은 데다가 하는 거니까 하고 나면 결과물이 되게 좋아요. 그래서 엄마들이 되게 많이 만족을 하셨어요. 그리고 실생활에 필요한 뭐 필요한 두루마리 화장지 같은 꽂이. 이런 것 같은 거. 뭐 키친타올 꽂이. 그러니까 그런 걸 하다 보니까 엄마들이 쓸 수 있는 거잖아요. 식탁 위에 두루마리꽂이에 꽂아두면 화사하게 할 수 있고, 또 부엌에다 키친타월 꽂이 꽂아두면 또 좋아하고 하니까, 엄마들이 되게 좋아했었어요.

휘범 엄마 신점자

그리고 수강생은 아니지만, 동사무소에서나 공방에서 근무하신 분들이 "저도 하나 주시면 안 되냐"고, "저도 하면 안 되냐"고. 항시 하자가 날 수 있기 때문에 여유분으로 세 개에서 다섯 개 정도 더 가져가니까, 여유가 있으니까 나눔도 하고 그랬어요. 그리고 되게 좋아하셨어요. 그리고 애들이 학교에서 방과후 하고 온다든지 만들어 오는 것 보고는 "아 이렇게 하는 거구나 아, 이래서 우리 애들이 이렇게 잘 만들어 왔구나" 그런 것을 되게 좋아해 하셨고, "다음에 또 하고 싶어요" 또 수업을 따 와야 하기 때문에 "또 하고 싶어요" 하는 분들이 많았어요.

면담자   온마음센터에서도 원예나 마사지 등 프로그램이 있고, 거기 강사분들이 공방에 오셨던 건가요?

휘범 엄마   온마음에서 저희들을 후원을 해주거든요. 근데 마사지는 온마음에서 수업을 하고요. 그리고 요가도 온마음에서 했다가 외부로 뺐다 그러더라고요. 그래서 거기서 하고, 그다음에 압화라고 꽃누름이는 온마음에서 지금도 하고 있고요. 지금은 수업은 없는 것으로 알고 있어요. 지금은 그때 했던 앨범 작업, 액자 만들었던 분들이 하고 있는 걸로 알고 있고요. 그리고 지원을 나와서 우리 공방에서 하는 것은 원예하고 퀼트하고 천연화장품이 있어요. 그렇게 있어요, 지금 현재는.

면담자   어머님은 주로 공방에서 하는 거에 참여하셨던 거예요?

휘범 엄마   네. 공방에서 하는 것 작년에 세 개 다 했거든요. 천연화장품도 했고, 퀼트도 했고, 원예도 했고. 올해는 개인당 하나만 할 수 있게끔. 모든 많은 사람들이 나오게끔 한다 해서 인원수는 좀 줄이고, 예산을 좀 한 사람당 가져갈 수 있는 것을 좀 더 퀄리티 있는 걸로 갖고 가자해서 15명으로 줄었어요. 세 개 프로그램을. 그래서 45명이에요. 한 사람당 하나만 하기로 해서 이번에는 원예만 지원했죠.

면담자　　　공방에는 사람들이 뭔가 많이 계속 나오셨어요?

휘범 엄마　　줄었어요. 나오시는 분에 한정되어 많이 나오는 경향이 있어요. 그런데 이번에 새로 오신 분들도 좀 추가되긴 됐는데, 한 30명 정도? 공방에, 쭉 나오신 분들이 한 30명 정도 되는 것 같아요. 그런데 이번에는 공방에 45명이 왔잖아요, 중복이 안 되니까. 그래서 이번에는 인원이 좀 많은 것 같아요. 그분들이 일주일에 한 번씩 나오더라도, 뭔 일이 있고 하면 한 분씩 더 나오다 보면 최소 50명은 되지 않을까 싶어요. 그래서 더 좋죠.

면담자　　　사람이 더 많이 왔다 갔다 하시겠네요.

휘범 엄마　　우리 이번에는 팀장을 먼저 안 뽑았거든요. 첫 수업에서 뽑기로 했어요. 그런데 팀장이 어떻게 하느냐에 따라서 한 분씩 더 나오면, 재미있게 활동을 하면, 수업 아니어도 "우리끼리 뭐 만들어 먹자" 예를 들어서 그렇게 하면, 다는 안 나와도 그렇게 하면 공방이 좀 더 활성화가 되지 않을까 싶어요.

휘범 엄마 신점자

15

4·16생명안전공원

면담자   해마다 또 이슈가 있었잖아요. 작년에는 '생명안전공원'과 관련해서 지역 안에서 의견도 많았는데 기억에 남는 어떤 일이 있으셨어요?

휘범 엄마   생명안전공원에 우리 미술관에서 설명회 한다, 여기 지역에 잘 아시는 분들 있잖아요. 여기 서울에서도 그런 것 많이 해보신 경험자들이 와가지고 설명회 한다고 했을 때, 지역의 할머니, 할아버지들이 반대하러 굉장히 많이 오셨었어요. 그래서 진행을 못 하게 된 경우도 있었고요. 그리고 또 이제 "다 하자" 했는데 그분들하고 임원진들하고 조그맣게 임원진들하고만 이야기했던 것도 있고요. 가는 데마다 반대파들이 다 와가지고 했었어요. 그리고 요즘에도 공방에서 오다 보면, 지금도 일주일에 두 번씩 안산시청 앞에서 일주일에 두 번씩 농성을 하는 것으로 알고 있어요.

면담자   반대파들이?

휘범 엄마   네. 크게는 아니지만 하고 있고요. 이 앞전 주 토요일 날도 선부동 동명 삼거리에서도 또 반대시위가 있었어요. 공방에서 수업하고 가다가 집에 가는 길에 보면, 단원구청 있는 쪽 옆에 트럭에다가 확성기 갖고 와서 반대하는 분들도, 지금도 인원은 많지 않은데 꼭 있어요. 그때 당시로는 납골당 반대해서 저번 선거

했을 때만 해도 택시도 또 다 붙이고 다녔잖아요. 근데 아마 첫 삽이 떠지고 한창 진행이 될 때까지 반대하는 사람들은 와갖고 시위는 할 것이라 저는 생각은 해요. (면담자 : 반대파들은 왜 시위를) 집값 떨어진다고 하고요. 거기 생긴다고 하면, 다 연세 드신 분들이 집회에 나오시는 분들이 많아요. 그래서 우리는 "건드리지 말아라. 괜히 몸싸움 나면 그분들은 큰일 난다" 하는데 이제 화랑유원지 근처에서 하시는 분들, 그다음에 통반장들, 그렇지 않은 사람도 있지만, 연세 드신 분들이 많이 와요. 그래서 보면 '화랑공원지킴이' 이렇게 해갖고 오신 분들이에요, '화랑유원지지킴이'.

그러면 우리가 예전에 피케팅할 때 보면, 우리가 선거할 때 어떤 당도 특정 당을 우리가 지원하면 안 되니까 그래서 그 자기들 연설하고 다닐 때 저희들은 그냥 알림으로 계속했어요. 작년 6월 때. 계속하고 다녔었거든요. 보면 와서 시비 거는 사람도 굉장히 많았고요, 자기네 집 아파트에는 나가라고, 거기서 하지 말라고 하고, 그리고 그때는 아파트 내 현수막을 다 붙여놨었어요. '화랑유원지지킴이 결사반대, 납골당 결사반대' 다 붙여놨었어요. 그러든가 말든가 우리는 했죠.

면담자   어머니 작년 6월에도 계속 피케팅하셨던?

휘범 엄마   네.

면담자   꾸준하게 계속 쭉 나오시는 가족분들이 많진 않으시잖아요. 물론 다 사정이 있으실 거고. 그렇겠지만 어머님이 그렇게

휘범 엄마 신점자

꾸준히 활동하신 이유나 힘은 뭐라고 생각하시나요?

휘범 엄마   우선 우리 아이들을 한데 모아야 하는 것도 있고요. 아까 제가 말했다시피 저는 우리 휘범이를 만났을 때 완전히 떳떳하진 않지만, 떳떳하게 말을 해주고 싶은 것도 있고요. 그리고 같이 수학여행을 갔기 때문에, 친구들이 같이 갔잖아요. 한데 모아져야 되는 것도 맞다고 생각하고, 그리고 100프로는 아니겠지만 우리 애들이 다 안산에서 태어났잖아요. 물론 이사 온 애들도 있기 때문에, 그래도 터전을 잡아서 안산에 살았기 때문에 자기 고향 안산에 있어야 되는 게 맞다고 생각하고요. 그래서 얘네들을 한군데 모아질 때까지는, 우선 모으는 것이 급선무라고 생각해요.

지금 하나하나 우리가 이뤄낸 것도 많이 있지만, 중간에 포기했던 것도 많잖아요. 포기하게끔 만들었잖아요. 그런데 지금 현재는 생명안전공원을 만들어서 애들을 한데 모으는 게 그게 최종이라고 생각을 해요. 그래서 조그만 힘이지만, 할 때 내가 참여할 수 있을 때, 내 건강이 허락할 때는 참여를 하려고 노력을 하고, 그리고 우리 부모가 아닌, 우리 피케팅할 때도 우리 부모 아닌 분들 있잖아요. 광주에서도 부산에서도 와서, 계속 와서 도와주셨거든요. 그분들도 거기에서 선거운동을 하지만 안산에서는 백지화 그런 것, '안산 시민의 뜻을 따르겠습니다' 뜻도 뭐도 아니게끔 교묘하게 유세로 내놨기 때문에 그분들이 우리한테 지원으로 많이 와주셨잖아요. 그러면 그 사람들한테 보답도 하고.

그냥 저는, 화성시에 있잖아요, 저희 아들 같은 경우는. 그리고 물론 친구들 제일 많이 '하늘공원 안산'에 있긴 하지만 그렇게, 수학여행을 같이 갔기 때문에 한곳에 모아지는 것도 맞고 앞으로도 이런 일이 일어나면 안 되니까. 그리고 다른 애들이, 후배들이 후손들이 수학여행을 코스로, 수학여행 코스로 4·16생명안전공원을 꼭 왔으면 좋겠어요, 코스로.

16
2019년 졸업식

면담자　　　지금까지 활동 쭉 여쭤봤는데요. 거의 마지막으로 가장 최근의 일이었던 졸업식 관련해서 졸업앨범도 만드시고 많이 준비하셔서 이제 마무리를 지으신 거죠. 5년 뒤에 졸업식이 열린 건데 어떻게 열리게 된 건지 말씀해 주시겠어요?

휘범 엄마　　　제적처리가 되었었잖아요. 우리는 그때 단원고, 제가 알고 있기로는 그때 우리 생존 애들 그해에 졸업을, 졸업 이야기 잠깐 나왔던 걸로 알고 있어요. 우리 애들 아직 배도 인양도 안 됐었고 해결해야 될 게 너무 많았잖아요. 그래서 못 했던 생존 미뤄왔던 거였잖아요. 그런데 졸업도 우리가 요구를, 명예졸업을 해달라고 요구를 한 것으로 알고 있어요. 그런데 어떤 부모들은 몰라요. 애들 아빠도 우연치 않게 그런 이야기를 했어요. "이 와중에 졸업이 무슨 의미가 있냐?" 그치만 그것만으로는 아닌 것 같아요. 그래도 졸업은 형식상이지만, 그리고 형식이 아닌 거잖아요.

해야 된다고 생각을 했고, 그냥 막연하게 생각을 했었는데 졸업 앞두고 졸업앨범 때문에 한 번 우리가 모였었거든요, 학교에. 졸업식 일주일이나 10일 정도 앞두고 한 번 (면담자 : 이번 달에요?) 네. 단원고등학교에서 한 번 모였었어요. 이 앞전 주, 이번 주 말고, 이 앞전 주 졸업을 했으니까 그 앞전 주예요. 그 앞전 주 목요일인가, 설 지나고 만났어요. 만나서 졸업앨범 만들었던 사람들 단원고등학교에서 한 번 만났었거든요. 그리고 거기서 연락을 해서 만났는데 지원 요청이 들어온 거예요. 졸업앨범에 나온 사진, 확인 한번 하고 졸업장에 쓰일 이름 한번 확실하게 마무리 처리, 마무리 부탁한다고 반에서 대표들 오라고 해서 확인했는데, 딱 그거 보니까 '아 졸업을 하는구나' 그때 딱 느껴졌었어요.

그리고 저는 사실은 졸업식 날은 덤덤했어요. 그게 내부가 좁기 때문에 체육관도 있을 텐데, 굳이 4층에서 하는 이유, 저희 반 같은 경우 어떤 부모님이 우리가 사고 터졌을 때 맨 처음 달려갔던 것이 4층이었었대요. 저는 안 올라가고 차 타고 그냥 내려갔는데, 근데 '거기에서 졸업을 해야 되냐, 체육관도 있는데'. 그리고 또 뭐였냐면 500명 정도밖에 수용이 안 되기 때문에 우리 애들 250명하고 이제 주위에서 오신 분들 있고, 그래서 의자도 한 가정당 하나씩밖에 안 주셨거든요. 엄마, 아빠가 와도 엄마만 와도 앉을 수 있는 것, 아니면 아빠만 앉을 수 있는 자리였어요. 그런데 저희 반은 많이 왔지만, 또 500개를 만들어놓으면 자리가 횅했을 수는 있어요. 그랬는데 그래도 개인적인 생각을 다 접고, 마지막 가는 길에는 마지막 졸업을 할 때는 기분 좋게 보내주자 해갖고 저희 반도 의견을 모았거든요.

그런데 저는 그렇게 그 졸업식에 갈 때 무덤덤했어요. 무덤덤하고 '울지 않고 기분 좋게 보내줘야 되겠다' 그런 마음으로 갔어요. 그런데 사실은 가서 음악이 나오고 하니까 눈물이 좀 많이 났긴 났는데, 그래 뭐… 힘들었잖아요. 6년 만에 졸업을 한 거잖아요. 결론적으로 6년 만에 졸업을 한 거잖아요. '다른 애들 곱으로 학교 다녔구나. 축하한다' 그런 의미로 저는 '속 시원했으면 좋겠다' 그런 마음으로 갔어요. '고등학교를 참으로 오랫동안 다녔구나' 그런 마음으로.

면담자　　　졸업앨범을 2015년에 이미 만들어놓은 것을 그대로 아니면 이번에 만든 건가요?

휘범 엄마　　　아니요, 그대로. 그때 마무리 다 하고 저 같은 경우는 인쇄하는 데 부산까지 갔다 왔었거든요. 인쇄 작업이 어떻게 되고 있는 거, 그때 차 대절해서 ≪딴지일보≫하고 우리 대표님하고 여기 앨범 맡았던 사람 네 명 정도 내려가고 인쇄하는 것 보고 왔었어요. 인쇄 한 번 하고 와서 거기 가서 또 한 번씩 확인했고, 또 수정해야 할 부분 수정했고, 그렇게 해서 마무리했기 때문에 이번에는 그냥 그 애기한테 줄 것, 사진이 메인에 하나 붙어 있는 게 똑바로 붙어져 있나, 그거 한번 확인하고. 졸업장에 이름 정확히 붙어 있나, 철자 틀리지 않나. 그런 것만 확인해서 이번에는 수월하게 끝냈어요.

면담자　　　졸업식까지 마쳐서 참 마음이, 여러 가지로 생각이 드셨을 것 같아요.

휘범 엄마　　그래도 좋았어요, 우리 아들이 졸업할 수 있어서. 졸업장에, 졸업장만 써도 되었을, 그렇게만 써줘도 좋았을 걸 굳이 '명예졸업장'이라고 표기를 해야 하나 마음이 안타까움이 좀 있었어요. 그게 명예가 들어가는 게 뭐가. 그랬는데 그건 나의 생각이고 욕심이 과할 수도 있으니까. 명예졸업이 아니고 졸업장이라고 쓰여 있었으면 더 좋았겠다는 아쉬움이 있었죠.

면담자　　　오늘 이렇게 2014년부터 이번에 졸업식까지 쭉 여쭤봤는데 혹시 더 기억에 남는 거나 추가로 말씀하실 게 있으신가요?

휘범 엄마　　아니에요, 없어요.

면담자　　　네, 알겠습니다. 오늘 활동 관련해서 여쭤본 것은 이것까지로 마무리하겠습니다. 감사합니다.

3회차

2019년 2월 15일

1
시작 인사말

면담자　본 구술증언은 4·16 사건에 대한 참여자들의 경험과 기억을 기록으로 남김으로써 이후 진상 규명 및 역사 기술에 기여하고자 합니다. 지금부터 신점자 씨의 증언을 시작하겠습니다. 오늘은 2019년 2월 15일이며, 장소는 안산시 단원구 4·16기억교실 교육장입니다. 면담자는 장원아이며, 촬영자는 강재성입니다.

2
세월호 활동에 대한 소회

면담자　오늘 3차 구술에서는 4·16 이후에 가족과 본인의 삶이 어떻게 변화되었는지, 또 여러 투쟁과 활동이 있었잖아요. 그 속에서 얻은 어떤 깨달음이나 변화 같은 것이 있다면 무엇인지, 지금 시간이 흐르면서 어떤 의미를 느끼고 계시는지를 여쭤볼 예정이에요. 그래서 대답하기 어려운 질문이 있을 수도 있는데, 그냥 천천히 시간을 갖고 대답을 해주시기를 부탁을 드리겠습니다. 지난, 거의 5년 정도, 4년 반 이상 시간을 돌아볼 때 지속적으로 참여를 하셨잖아요. 그렇게 활동에 참여할 수 있었던 이유가 무엇이라고 생각하세요?

휘범 엄마   그때도 이야기했던 것처럼 그냥 조금 더 떳떳해지고 싶었고요, 휘범이한테. 우리가 납득할 수 있을 만큼 설명이 없었잖아요. 우리가 그 사고를 이렇게 이해할 수 있는 게 하나도 없었기 때문에, 그래서 그거를 알아야 하기 때문에 했던 것 같아요. 음… 그랬던 것 같아요.

면담자   그러면 지금 생각하실 때, 지난 시간 동안 본인의 활동이나 선택에 대해서 아쉽거나 후회하는 점이 혹시 있으세요?

휘범 엄마   더 적극적으로 모든… 참여를 했었던 것도 있고 못 했던 것도 있거든요. 지나고 나니까 '왜 거기는 참여를 못 했을까?' 그때는 또 그것이 최선의 방법이었는데 나의 컨디션이나 우리 집안 사정 때문에 참여를 못 했을 때가 있었거든요. 근데 지나고 나니까 '어우, 그래도 거기를 참여했었을걸' [하고] 안 한 것에 대한 후회감이 있어요. '더 열심히 할걸…' 모든 면에 다. 내가 골라서 선택해서 갔던 것은 아니지만, 그때 어쩔 수 없는 상황에서, 또 동생이 있고 둘 중에 아빠랑 상의를 해서 "이번에는 내가 갈 테니까 너는 집에 있어라" 이렇게 했지만 '그냥 다 할걸' 이런 생각이, 좀 후회가 되어요, 지나고 나니까.

면담자   혹시 특별히 '이때는 갔어야 했는데' 이럴 때가 있어요?

휘범 엄마   '서울에서 집회할 때에는 다 갔으면 좋았었겠는데' 하는 것도 있고요. 그다음에 '박근혜 하야[탄핵]할 때도 그 현장에 갔었으면 좋았을 텐데' 또 그랬고, 그리고 팽목에도 물론 선체 직립을 하고 할 때는 갔지만, 그래도 팽목의 그런 데도 좀⋯ 동거차도 못 가본 게, 많이 참석 못 한 거에 대한 후회가 있죠.

면담자   그러면 지난 4년 반 동안 가장 힘들게 했던 점이 무엇이었어요?

휘범 엄마   그냥 저는 지금도 인정이 안 되고 안 믿겨지거든요. 안 믿겨지고, 주위에서도 눈치 봐가면서도 말을 조금씩 해요. 요즘에는 그렇지 않지만 좀 안 좋게 말하는 사람도 있고, 그리고 그냥⋯ 이유 없이 애들을 수장시켰다는 그런 거. '왜 우리 애들이 그렇게 되었나?' [하]는 그게 제일⋯ 이해가 안 되니까 납득이 안 되니까 그게 가장 속상하죠. '왜 하필 우리 애들이었을까?' 뭐 이런 거 있잖아요.

면담자   그러면 반대로 어머님께 조금이나마 가장 위안이 되었던 점이 있었다면 그게 뭐였어요?

휘범 엄마   만약 상대방 입장이었을 때 저는⋯ 우리 국민들이 앞장서서 내 일처럼 앞장서서 이렇게 해줄지는 솔직히 몰랐었어요. 과연 '내가 내 애가 아니고 다른 애가 이런 참사를 당했고, 내 주위 사람이 참사를 당했을 때, 나는 과연 이렇게 행동을 할 수 있을까?' 저는 '그렇게 행동을 못 할 것 같다'는 생각을 했었어요. 그 사람들이 너무너무 대단해 보였었거든요.

그리고 저는 사실은 길거리를 지나가더라도 보면 '서명해 주세요' 또 뭐 아프리카 난민들 그런 거 하잖아요? 그리고 장애아, 장애

우들 서명하면 솔직히 말해서 저 피해 다녔거든요, 그렇게 안 했어요. '내 일이 아니다' 생각했고, '나랑 동떨어진 일'이라 생각했고, 그랬는데 이런 일을 당해보니까, 길거리에서 이렇게 서명을 하면 한번 가서 더 쳐다보게 되고, 그 사람들이 하는 것에 대해 손 한번 잡아주고 싶고, 내가 잠깐 이렇게 시간을 조금 할애할 수, '할애를 한다'고 표현할 수 있을 만큼의 큰 시간은 아니잖아요. 지나가다가 3분 정도만 관심 가져주면 그 사람들이 너무 행복해하고, 또 나로 인해서 다른 사람이 행복해지는데 저는 그것을 몰랐거든요.

근데 우리가 그런 일을 당해보니까 서명을 할 때, 물론 정말 가슴으로 와서 해주신 분이 있었지만 그렇지 않고 "아, 뭐야" 하고 "아우, 됐어요" 하고 가시는 분도 있었어요. 근데 그거에 상처를 받으면 안 되는데 상처가 좀 되더라고요. 저는 그것보다 더했는데. 그래서 저를 뒤돌아보게도 됐고요. 그리고 '아, 나한테 소중한, 이 일이 나한테 닥치니까 이게 너무너무 시급하고 너무너무 힘든 일이었구나' 하고 좀 되돌아보게 되고, 한 번씩 또 참여를 할 수 있게 되는 기회가 되어 좋았었어요.

면담자　　　상처를 받으셨을 때 어떻게 그것을 받아들이셨어요?

휘범 엄마　　　혼자 삭였죠, 혼자 삭이고… 같이 뒤돌아서 울고. 그리고 뭐 우리가 많이 선전전 같은 거 하다 보면 "아우, 또 지겹게 저거라고. 작작 좀 하지" [이런 말도 듣고]. 그리고 인제 잘 알지도 못하는 사람들은 "돈을 더 받으려고 한다"고 다 말을 하시니까. 되게 속상하고 그 자리에서는 고개를 들 수가 없어요. 그러면 뒤돌아서 그냥 울죠.

그리고 같은 엄마들끼리 또 '그래 우리 입장이 아니니까' 이렇게 하고 삭였던 것 같아요. 그래서 처음에는 앞에서 서명받을 때도 되게 힘들었어요. '저 사람이 나한테 호의적으로 나오지 않고 이렇게 툭 내뱉으면 어떻게 하지? 그럼 나는 뭐라고 말하지?' 이렇게 나오면, 그 사람이 나한테 물어보면, 그때는 정보력이 맨 처음에는 없으니까 '저 사람이 이거 왜 해요? 이거 뭔데요? 이거 왜 그랬대요? 하고 물어보면 나는 뭐라고 대답해야 하지?' 그런 게 조금 있었어요.

면담자   그렇게 물어보는 사람도 있었어요?

휘범 엄마   있었어요, 있었어요. 그리고 또 우리가 설명하는 것도 우리는 쉽게 그냥 엄마 대 엄마로서 설명하면 잘 이해를 하고, "어우, 몰랐다"고 그러시는 분들도 있고요. 또 시민연대 쪽에서도 많이 도움을 주셔가지고 우리가 너무 힘들어하면… 설명을 할 수는 있지만 그 상황이 너무 힘들잖아요. 그러면 또 그분들이 나서서 말씀해 주시고 했었어요. 그래서 "몰랐다"고, 애 가진 엄마들은 많이 공감을 해주셨어요. "아, 그랬구나…". 물론 나쁜 사람보다 가슴으로 와 안아주고, 보듬어준 사람이 훨씬 더 많았던 것 같아요. 그래서 저도 '다음에는 [나도] 그래야 되겠다'는 생각을 많이 했죠, 되게 반성도 많이 했어요.

3
4·16 이후에 달라진 사회의식

면담자   그렇다면 4·16 이후의 경험들이 어머님의 세상에 대한 관점이나 삶에 대한 태도 이런 것들에 변화를 가져온 것 같으세요?

휘범 엄마   네, 많이 변화했던 것 같아요.

면담자   어떤 점이 그런가요?

휘범 엄마   그냥 기사를 보거나 주위에 돌아다녀 보면 그냥 보는 시선이 조금 더 남달라진 것 같고, 예를 들어서 이번에 노동자들이라든지 비정규직 이런 사건이 많았잖아요. 김용균도 그렇고. 그리고 만약에 우리 사건이 터지기 전에 백남기 농민이 무슨 일이 됐다고 했을 때도 '내가 과연 이렇게까지 기사를 한번 읽어봤을 것이며, 서명을 했을 것이며, 한번 이렇게 했을까?' 그런 생각을 해보면, 저는 아마 우리 사건이 터지기 전에 이런 일이 있었다면 내 일이 아니라고 무관심했을 것 같아요.

근데 내가 한번 당해보고 사회에서 저한테 바라보는 시선이 따가웠기 때문에, 그 시선이 따갑다는 게 대체적으로 다 따갑지는 않았지만 그런 사람이 있었기 때문에 이 사람들의 아픔을 내가 조금씩은 알고, '아, 내가 관심을 가져줘야겠구나' 그런 생각을 했고. 주위 사람들한테도 뭐라 이야기를 하면 주위 사람들이 "관심은 안 가져주더라도 거기에 대해서 나쁜 말은 안 했으면 좋겠다"고 딱 지적

휘범 엄마 신점자

을 할 수 있을 만큼, 제가 조금 변했던 것 같아요. "자기 일이 아니니까 관심을 안 갖는 것에 대해서 뭐라 하진 않겠지만, 거기에 대해서 손가락질을 하는 것은 아니라고 본다" 그렇게 말을 할 수 있게끔 제가 조금 변한 것 같아요.

면담자   굉장히 큰일을 겪으신 건데, 가족들에 대한 생각도 좀 바뀌셨나요? 뭔가 아버님이라든가 혹은 ○○이라든가, 뭔가 생각이 변하신 부분이 있나 해서요.

휘범 엄마   아빠도 우리 집에서 잘 이야기를, 그런 이야기는 잘 안 해요. 물론 아빠랑은 좀 하지만, 동생이 조금 힘들어해서…. 그리고 초창기 때 TV에 많이 나오면 그냥 들어가 버리고 해서 될 수 있으면 이야기를 잘 안 했었어요. 근데 아빠도 나랑 이야기하는 거 보면, 보이는 것만이 다가 세상이 아니다[라]는 것도……. 남자들은 좀 더 사회면에도 관심을 가졌잖아요, 솔직히 여자보다, 대체적으로 보면. 근데 많이… 이제 우리 가족이 그런 일을 당하니까 직접적으로 많이 느끼죠. "못 믿는다, 못 믿는다. 이게 하루아침에 바뀌[겠]냐?" 뭐 그런 이야기는 하죠. 그리고 불신이 많이 생겼죠.

우리가 사실은 대통령이 바뀌었잖아요. 저는 바뀌면 뭐 한순간에 우리한테 이롭게, 뭐 이롭다기보다도 우리와 같이 했고 또 대통령도 단식도 하고 했기 때문에 우리의 고충도 많이 알고 또 굉장히 많이 오셨기 때문에, 그럴 줄 알았었거든요? 그런데 생각보다는 음… 호의적이라고 표현하면 안 되지만 우리가 생각했던, 상상했던 것만큼, 바랐던 것만큼은 좀 그러진 않았었어요. 물론 청와대에 초대를 해서 가긴 갔지만…….

면담자   어머님도 가셨었어요?

휘범 엄마   네, 갔었거든요. 근데 물론 그분도 그 나름대로 고충이 있었고, 모든 사람들의 대변을 해야 되는 거는 이해는 하지만, 속 시원하게 생명안전공원에 대한 것도 흐지부지, 물론 지금은 결정은 됐지만, 일사천리로 금방 될 것처럼 했는데 벌써 1년이 임기가 훌쩍 지나고 2년이 되어버렸잖아요. '이렇게 하다가는 과연 임기가 끝나기 전에 우리가 완성을 할 수 있을까? 3분의 2는 아마 진척이 있을까?' 하는 생각이, 막 불안함이 있어요.

그래서 사람이 그러잖아요. '어디 가기 전에 하고, 가고 난 후에 하고 마음이 틀리다'고. 그래서 요즘에 사실은 저도 조금… 어, 믿을 수… 없어요. 예전만큼은 아니지만, 그래도 이게 뭐가 진전이 된 걸 봐야 '그래, 이렇게 우리하고 약속을 했던 걸 지켜주고 계시는구나' 이렇게 믿겠지, 지금 현재는 불안불안하거든요, 사실은. 지금은 부지는 선정이 됐지만, 뭐 첫 삽을 떴다든가 공모전을 한다고 하는데 뭐 된 게 없잖아요. 그래서 '이렇게 하다가는 훌쩍 임기가 끝나지는 않을까?', '또 조금 진행하다가 다른 분이 바뀌면 또 우리한테 또…. 물론 국책사업이라고 하니까 바뀌지는 않겠지만 그래도 또…' 그런 생각이 좀 들어요. 그래서 믿을 수 없는… 좀… (면담자 : 정치에 대해서 믿을 수가 없다고 생각하는?) 네, 좀 믿을 수가 없어요. 그때그때 바뀌면 누가 그 옷을 입느냐에 따라서 뒤집어지니까 뭐라고 할 수가 없어요. 그래서 믿을 수 없어요, 지금.

면담자   너무 많이 보셨네요, 그런 일들을. (휘범 엄마 : 네) 교육청도 뭔가 그런 게 있었나요?

휘범 엄마   교육청도 심했죠. 우리는 저희는 그때 교실 존치 때문에 경기도교육청에 피케팅을 계속 다녔거든요. 경기도교육청에 조를 짜서 돌아다니면서 피케팅을 계속 다녔어요. 근데도 우리 갔을 때 한 번도 우리한테 면담을 요청하거나 그런 적[이] 한 번도 없었어요. 그때도 이재정 교육감이었고 지금도 이재정 교육감이잖아요. 그때도 우리하고 상의 없이 교실 뺐고, 우리 애들 제적처리했고, 그리고 교장이, 이번 교장 말고 중간에 교장 선생님이 또 있었거든요. 그 선생님도 우리 쪽으로는 우리하고는 굉[장히], 더 우리하고 학생들 학부모하고 더 안 좋게 만들어주신, 더 안 좋게 만드신 분이셨어요, 그 교장 선생님이.

면담자   단원고 교장 선생님이 세 번이 바뀌신 거예요?

휘범 엄마   네. 우리 사고 났을 때 선생님이 아니고 중간에 한 분이 또 오셨었어요, 그리고 이번에 또 바뀌었죠. 그래서 믿을 수 있는 곳은 하나도 없어요.

면담자   졸업식이 끝났으니까 단원고랑 이야기할 일은 이제 별로 없는 건가요?

| 휘범 엄마 | 없는 것 같아요. |
| 면담자 | 네, 반 차원에서는. |

휘범 엄마　　네. 그리고 졸업을 했으니까 더 이상. 그리고 저는 사실은 단원고에 별로 가고 싶은 생각은 없어요. 그냥 아프니까 그리고 우리 아이들이 아프게 잘못됐으면 거기에서 좀 아픔을 보듬어줬으면, 생각이 나면 한 번씩 갈 수는 있는데, 그 아픔에 더 아프게 소금을 뿌렸기 때문에 저는 단원고등학교에 대해서 그렇게 뭐 안타깝다[거나] 미련이 있거나 하진 않아요, 그 학교가 야속한 학교니까.

면담자　　동생분 같은 경우는 그냥 배정받아서 그 고등학교에 갔었던 거죠?

휘범 엄마　　배정받아서 갔는데 단원고등학교는 안 간다고 했어요. 그때 3년 차까지는 제가 알고 있기로는, 4년 차까지였나 봐요. 우리 ○○이 1년 후배들까지였나 봐요. 학교를, 원하는 학교를 보내주지는 않지만, 형제자매들은 단원고등학교를 가고 싶으면 우선순위로 넣어줬고요, 단원고등학교를 안 가고 싶으면 거기를 아예 뺐어요.

면담자　　아예 4·16 형제자매들에게는 그런 배려를 했어요?

휘범 엄마　　네, 형제자매들은. 만약에 자기 형이나 자기 오빠가 그 학교를 졸업을 못 했기 때문에 "내가 그 학교에 가서 오빠 못까지, 형 몫까지 졸업을 할란다" 하고 "가고 싶다"고 하면 배정을 아예 단원고등학교로 해주셨고요. "나는 단원고등학교 안 갈란다" 그러면 단원고등학교를 그 애가 갈 수 있는 학교에서 빼버렸어요, 다 다른 학교로만 지원할 수 있게끔. 근데 우리 ○○이는 단원고등학교를 안 가고 싶다고 하더라고요. 〈비공개〉

4
휘범이 동생 이야기

휘범 엄마　　그랬는데 친한 친구들이 단원고등학교를 굉장히 많이 갔어요. 중학교 때 친한 애들이 굉장히 많았는데 거기 한 열두 명이면 두 명은, ○○이는 다른 학교, 또 다른 애는 한 명 다른 학교 가고. 반은 이쪽 학교, 반은 단원고등학교 이렇게 갔어요. 그래서 친구들이 단원고등학교에 굉장히 많아요, 친한 친구들이.

면담자　　중학교 때 친구들이.

휘범 엄마　　네, 많았었어요.

면담자　　혹시 뭔가 ○○이랑은 형에 대해서는 별로 얘기 안 한다고 하셨는데.

휘범 엄마　　형에 대해서는 이야기는 하는데, 그 세월호하고 연관 지어서는 말을 안 해요.

면담자   형에 대해서는 자연스럽게 이야기해요?

휘범 엄마   네. 이제 음식이 나오거나 TV에 무슨 프로가 나오거나 어디를 갔는데 뭐가 있다 그러면 "이거 형이 좋아했는데" 뭐, 형 이야기는 해요. "이거 형…" 태권도가 나오면 "우리 형 태권도 진짜 못 했는데" 이런 거 있잖아요. 태권도 초등학교 때 격파할 때 따라 갔는데 너무 무서워서 1학년 때 격파하는 것 보고 "우리 형, 1학년 때 격파할 때 되게 웃겼는데" 이야기를 안 하지는 않아요. 그런데 세월호를 연관 지어서는 이야기를 안 해요. 그거와는 별로 붙이고 싶어 하지 않더라고요.

면담자   네, 따로따로.

휘범 엄마   네, 세월호 이야기는 별로 안 하고 싶어 해서 별로 안 해요.

면담자   굉장히 우애가 좋았나 봐요.

휘범 엄마   네, 좋았어요. 많이 챙겨줬어요, 휘범이가.

면담자   뭔가 동생분은… 형제자매도 활동이 따로 있다고 하던데….

휘범 엄마   안 했어요. 우리는 안 했기도 안 했지만, 사실은 솔직히 말해서 몰랐어요, 솔직히. 그리고 연락 오지도 않았어요.

면담자   그것도 아무래도 손위에 형제자매가 있는 경우들, 그러니까 어른인 경우에 많이 하더라고요.

휘범 엄마 신점자

휘범 엄마   좀 더 큰애들이 많이 했고 어린 우리 ○○이 또래 애들도 많이 했어요, 여자애들 같은 경우는. 근데 나중에 알고 보니 지금은 없어졌는데 그때 어디였지? 거기에서 '우리함께', '우리함께'라고 있었거든요, '우리함께'에서 뭐 형제자매들 영화도 관람하고 자기네들끼리 뭐 이렇게 하고 했는데, 사실은 그 밑의 아이들 같은 경우에는 어리기도 어리지만 저는… 우리 형제자매들 전화번호 물어본 적도 한 번도 없었어요. 그리고 만약 오라고 했는데 ○○이한테 물어는 보겠지만 아마 안 갈 거예요, 안 갔을 거예요. 안 갔을 거지만 그런 게 있다는 자체도 몰랐고 형제자매 전화번호 자체를 물어보지 않았어요. 그래서 하는 사람에 한해서 좀 했던 것 같아요. 가끔 페이스북에 올라오는 거 보면 형제자매들끼리 막 올라오더라고요.

근데 우리는, 나나 내 주위의 사람들은 뭐 안 간 게 아니고 결론은 못 간 거였지만, 오라고 해도 아마 안 갔을 수도 있었어요. 〈비공개〉

5
이웃, 친척의 도움에 대한 고마움

면담자   어머님 같은 경우는 안산에 언니랑 오빠가 사시니까 많이 봐주고 하셨던 거죠?

휘범 엄마   저는 애가 커서 우리는 중2였잖아요. 사고가 터졌을 때는 중2였고, 그리고 친구들이랑 되게 사이가 좋았고, 그리고 나중에는 친구들이 단원고등학교에 많이 갔다고 그랬잖아요. 그 애들이, 사고가 터졌을 때 친구들이 굉장히 많이 왔었어요. ○○이를 굉장히 친구들이나 주위 사람들이 살뜰히 보살펴 줬었어요. 그리고 단원고등학교를 가보니, 걔네들은 단원고등학교 분위기를 알잖아요. 그래서 잘 어울려서 ○○이랑, ○○이는 인제 나름대로는 외로웠고 속상했겠지만, 아팠겠지만 친구들이 좀 많이 커버를 해준 것 같아요.

면담자   다행이네요. 혹시 ○○이 친구들도 많이 있었겠지만 어머님이 원래 아시던 친구들이나 안산의 이웃분들과는 어떻게 달라진 게 있나요?

휘범 엄마   친하게 지낸 사람들과는 달라진 게 없어요. 지금도 그 친구들은 동생이나 친구들은 그 일이라면 되게 아파하고, 내 일처럼 되게 아파했었어요. 그리고 내가 어디 간다고 하면 "○○이 혹시라도 뭔 일 있으면 챙기겠다"고도 말이라도 해주고, 그리고 휘범이 보낼 때도 진도부터 해갖고 마지막 갈 때까지 다 같이 함께해주고.
     네, 지금은 만났던 친구들이, 그때 어울렸던 사람들이 뭐 이사를 가고 이래서 한두 명 덜 만나고, 내가 바빠서 활동하고 바빠서 안 만난거지, 안 좋아져서 안 만나거나 그러지는 않아요. 또 자기 나름대로, 그 사람도 자기 나름대로 바쁜 일이 있어서 좀 더디게 만나는 경우도 없지 않아 있지만, 그냥 편안히, 똑같이 잘 지내고 있어요.

면담자　다행이네요. 그 직장에 복귀를 하신 거잖아요. 언제쯤 복귀하셨어요?

휘범 엄마　한 1년… 1년 반 정도, [1년] 반까지는 [안 된 것 같고]. 그 정도 있다가 간 것 같아요.

면담자　가족분들 중에 직장을 그만두거나 바꾸시거나 이런 분들도 계신다고 들었는데 (휘범 엄마 : 많죠) 어머님은 그렇지 않으시고 쪽….

휘범 엄마　저는 하루에 직장에 있는 시간이 30분 정도밖에 안 되거든요. 아침에 9시 50분까지 가면 10시 20분이면 그 사무실에서는 끝나요. 물론 내가 또 나름대로 해야 되는 거지만, 그냥 그만둘까도 생각을 했었거든요. 그런데 좀 공허하더라고요. 어떨 때는 밖에 나가, 우리 사건으로 인해 밖에 나갈 일이 있지만 안 나가는 날이 있잖아요, 못 나가는 일이 있고. 일정이 없는 날에 집에 있으면 사람이 멍해지더라고요. 멍해지고, 내가 이 사무실까지 안 가면 '사람을 [안] 만나는 대인기피증이 생기면 어떻게 하나?' 그런 생각이 좀 들었어요. 그래서 '사람은 꾸준하게 만나야겠다'는 생각이 들었기 때문에 사무실에 나갔던 것 같아요.

　사무실 사람들이랑도 잘 지냈거든요. 그래서 그분들도 기다리고 있었고, 그리고 가서 놀러 간다는 느낌으로 가는 것이기 때문에, 그저 아침에 가서 수다 떨고 곧장 들어올 때도 있고 커피 마시러 갈 때도 있고, 밥 먹으러 갈 때도 있고, 또 같이 어울리니까. 그분들도 궁금한 거 있으면 저한테 물어보고, 4·16 우리 세월호 참사에 대해서 "이건 이렇게 누가 그러던데, 이거 아니지?" 하고 물어보는 사람도 있고, 그러면 "이거 아니다" 이야기도 하고 그래요.

면담자   사람을 많이 만나는 일을 하시잖아요. 혹시 뭐 그런 분들이 대인기피증이나 이런 게 생기기도 하나요? 아까 어머님께서 '혹시 그런 게 생기면 어떡하지?'라는 고민을 하셨다는 이야기를 들어서요.

휘범 엄마   저는 그런 것은 없는 것 같아요. 물론, 호의적으로 다가오면 그 사람이 훨씬 더 좋은데, 뭐 나쁘게 뭐, 근데 그렇게 사람을 일대일로 사귀다 보면, 이야기해 보면 나쁜 사람은 없더라고요. 근데 잘못 듣고 한 사람한테, 다른 사람한테 잘못 듣고 그렇게 이야기를 듣고 이야기를 하신 분들도, 이야기를 하다 보면 자기들도 잘못한 것은 인정하고, 또 나도 또 잘못한 것은 '아, 그랬었구나' 인정하고 하다 보면 나쁜 사람은 없더라고요, 다 편하게 되더라고요. 그리고 만나는 사람들이 다 아줌마들이잖아요. 그러니까 애들이 다 있어요, 어지간하면 다 있어요. 그러면 '자기 이야기'라고 생각하고 애기 엄마다 보니까 그게 빨리 이야기가 동요가[통하게] 돼요.

면담자   공감을 바로 해주시는 거군요.

휘범 엄마　　네, 네. 그리고 어떨 때는 "당신 애라고 생각을 해봤으면 어떻겠냐?"고. 근데 사람들이 '나한테는 그런 일들이 안 닥친다'고 생각을 하잖아요. 근데 그건 아니라고, 어느 누가 "나도 이런 일이 나한테 닥칠 것이라고 누가 생각을 했겠냐?"고, 그렇지만 그건 아니라고. 그렇게 한 거 보[이야기하]면 또 "그렇다"고 또 이야기도 하고 그랬던 것 같아요.

면담자　　형제자매분들이 많으시잖아요. 부산에 계시는 언니분 이야기도 하셨고, 친척분들 또 시댁분들이라든가, 이 일로 인해서 뭔가 더 관계가 깊어지거나 많이 도움받거나 그러셨나요?

휘범 엄마　　저희는 시댁도 그렇고 친정도 그렇고 더 깊어지지도 않았지만, 더 얕아지지도 않았어요. 원래 시댁이나 친정이 조금 형제자매들 우애가 좋았어요. 그리고 저희가 재단을 창단했잖아요. (면담자 : 4·16재단요?) 네, 4·16재단 했을 때 작년, 작년이었죠. 작년 추석, 아니 작년이 아니라 재작년. 이제는 해가 바뀌었으니까 설날, 설날 때 음… 설날이었던 것 같아요. 추석이 아니고 설날이었나? 1년 전에요. 일 년 전에 저희가 발기인하고, 발기인 모집하고 그다음에 뭐지? 발기인은 금액이 100만[500만] 원이고 (면담자 : 아, 작년 초에요?) 그리고 또 만 원씩 하는 기억위원. 기억위원, 제가 그걸 많이 받았어요. 우리 부산 언니도 등기[우편] 해서 올 때 100명씩 받아갖고 보내줬거든요. 그리고 저도 주위에다 많이 받았고. 그리고 저는 작년 설 때 그 용지를 가지고 시댁을 갔어요. 시댁을 가서, 저희는 명절을, 이 사건 이후 일어난 뒤에는, 사건 전에는 빨간 날이 되면 내려갔어요. 시댁에 가서 음식을 하고 명절 당일 날 아침이나 점심을 먹고 친정을 갔었거든요.

그런데 사건 이후에 변한 게 뭐냐면 그 전에 안 내려가고 명절 날, 추석이면 추석, 설이면 설, 여기에서 음식을 해요. 그래서 내려 가는 길에 휘범이한테 가는 거거든요. 명절날 효원에 가서 휘범이 한테 상을 차려주고, 그리고 상 차린 음식을 들고 시댁을 가요. 그러면 시댁을 가면 그걸 못 먹게 될 것 같으니까, 차가 밀리니까 군산 휴게소에서 우리 세 명이 앉아서 그것을 먹었거든요, 차 속에서. 조금만 싸갖고 가요, 휘범이 것만. 그러면 그게 시댁 가서 먹게 되면 휘범이한테 올려준 음식을 못 먹게 되니까 저희가 군산 휴게소에서 저희 세 명이서 조금조금씩 먹어요, 그걸 다. 그리고 시댁을 가서 시댁에서 점심을 간단하게 먹거나 다과를 좀 하거나 그렇게끔 변하거든요[변했거든요]. 그리고 시댁에서 서너 시간 앉아 있다 친정을 갔다가 그다음 날 올라오는 그런 일정을 항시 했어요.

그랬는데 사건이 터지고 2년 정도는 안 갔고요. 안 갔고 그랬는데, 작년 설 때 기억위원, 긍께 우리 재단 종이를 들고 내려갔는데, 시댁 식구… 내려가기 전에 조카한테 이야기를 하고 갔어요. 그랬더니 종이를 달라 그러더라고요. 그런데 너무너무 좋았던 게 식구들 다 볼펜 들고 다 썼어요, 자기 것. 자기 것 자기가 다 쓰고, 그리고 군대에 있거나 안 온 자기 자식들 있잖아요? 조카들. 다 엄마, 아빠가 써주셨어요. 그리고 큰 아빠가 "너네들 이리 다 주라고, 만 원씩이니까 큰아빠가 다 내주겠다"라고 했는데, 고모가 우리 휘범이 고모가 "너네들, 세뱃돈 다 받았지 않았냐?"고, "이거는 의미가 중요한 거지, 누가 돈을 내 주는 게 중요하지 않다"고 "너네들 세뱃돈 받은 것에서 다 만 원씩 내"라고 그래 가지고 다 만 원씩 내가지고, 그때 받은 것만도 우리 작은아버지까지 받아주서 갖고 그날 시댁에서 받은 것만 해도 50장을 넘게 받아 왔어요. 그래서 되게 뿌듯했어요. "휘범이 오빠를 위해서 휘범이 동생을 위해서 한다고 생각하고, 자기 용돈에서 다 만 원씩 내라"고 해갖고 만들어 오니까 저도 되게 뿌듯했어요. 시댁이고 친정이고… 친정은 사실은 불러 주셨어요, 돈은 통장으로 보내주시고, "내 거 해라" 그렇게 해서 친정 식구들도 다, 다 했어요.

그래서 재단 아빠 이사가 제일 많이 한 사람이 저라고 그랬거든요, 우리 엄마들, 부모들 중에. 물론 돌아다니면서 서명지 받고 하신 분들은 이제 한 거지만, 저는 가족들 중에서 우리 가족들 중에서 제일 많이 받아 온 사람이 휘범이 엄마라고, 그래서 선물도 두 개 줬어요, 선물도 주시고 그랬어요.

면담자   아빠 이사가 혹시?

휘범 엄마   영석이 아빠. 우리 재단의 아빠 이사는 영석이 아빠, 엄마 이사는 호성이 언니, 신호성 언니. 그런데 영석이 아빠랑 저랑 친구인데, [기억위원] 만들[어서] 해서 주고 주고 하니까 영석이 아빠가 "이렇게 많이 받아 온, 부모 중에 1등"이라고. 되게 많이 사무실에서도 받고 친한 엄마들한테도 받고, 또 아는 카페에 갔다가 진열도 해놓고 막 그랬거든요, 받아달라고.

<u>6</u>
4·16재단, 소송에 관한 이야기

면담자   4·16재단에는 각 부모님들이 많이 참여를 하신 거죠?

휘범 엄마   네, 저희는 발기인으로 한 가정당 500만 원씩 내서 많이 참석했어요.

면담자   그러면 가협[4·16세월호참사가족협의회]이랑은 따로 또 같이 가는 건가요?

휘범 엄마   네, 따로면서 같이 가는 거예요.

면담자   가협은 사단법인이고, 4·16재단은 재단이고 그런 식으로.

휘범 엄마   네.

면담자   4·16재단에서는 앞으로 어떤 활동을 하시는 거예요?

휘범 엄마   지금 현재는 생명안전공원 이쪽하고 같이, 제일 지금 앞장서서 그거 하고 있어요. 그 이후에 우리가 어떻게… 이제 졸업식까지 다 끝났잖아요, 인양도 끝났고… 우리가 어떻게 해나

휘범 엄마 신점자

갈 것을[것인지를] 재단에서 아마 구상을 하고 할 것 같아요.

면담자　　　그렇군요. 또 몇 가지 변화들 말씀해 주셨는데, 그 외에 다른 변화가 있다면 어떤 게 있을까요?

휘범 엄마　　다른 것은 잘 모르겠는데(웃음) 예전하고 어울렸던 그런 부류가 다르잖아요, 지금은. 우리는 여기 엄마들끼리 어울리잖아요. (면담자 : 네, 그러네요) 그리고 하지 않았던 공방에서 안 해 봤던 것에 대한 취미가 또 바뀌었죠. 조금 안 했던 거를, 퀼트 같은 것을 전혀 못 했거든요, 바느질. 그런 것을 하게 되고 관심사가 조금 바뀌었죠, 취미도 바뀌고.

면담자　　　혹시 안 하던 일을 하게 되셨다고 하셨는데 청와대도 가시고 국회도 가시고, 뭔가 법정에도 가시고, 혹시 소송도 참여하셨나요?

휘범 엄마　　네.

면담자　　　작년에 결과가 나온 건가요?

휘범 엄마　　작년 9월에 결과가 나왔어요.

면담자　　　아, 네. 그러면 그게 그렇게 오래 걸렸던 거예요?

휘범 엄마　　네, 오래 걸렸어요. (면담자 : 14년도에, 15년도에) 15년도에 한 것 같아요. 3년 몇 개월이었던 것 같아요. 작년 9월에, 8월 말 9월 초, 9월 초에 결과가 나왔고 또 항소했어요.

면담자   그래요? 조금 얘기해 주실 수 있어요?

휘범 엄마   이제 그런 이유, 금액적인 것 때문에 항소를 한 것은 아니고, 깨끗하게 뭔가 안 나왔어요. 책임자 처벌이라든지 뭐가 안 나왔잖아요, 저희 지금 현재? 원인도 안 나왔고. 그래서 더 항소를 했죠. 근데 그때 1차 소송했던 사람들 100프로는 아니고요, 한 그래도 70, 80프로는 소송한 것으로 알고 있어요, 1차 소송했던 분들에 의해서. 그때 인원수로 했을 때 삼백 몇 분이었던 것으로 알고 있었거든요. 그런데 이번에는 형제자매들이 이제 빠졌어요. 형제자매들은 우리가 했던 금액대, 그 소송 금액에 대해 나왔[고] 그대로 나왔기 때문에 뺐고, 저희 같은 경우는 3인 가족 했거든요. 3인 가족이었는데 ○○이는 뺐고 엄마하고 아빠만 항소했죠.

면담자   그렇게 다 바꿔서 할 수가 있는 거예요?

휘범 엄마   네. 형제자매는 빠져야 된다고 그러더라고요. 그리고 할머니, 할아버지도 빠졌다고, 저희는 할머니, 할아버지가 안 했기 때문에 정확히 모르겠는데, 할머니, 할아버지도 뺐고 이제는 엄마, 아빠만, 엄마, 아빠만 한 것으로 알고 있어요. 그리고 어제 제가 건강관리공단에서 그 뭐지? 건강검진하라는 영[장] [그]거 안 나왔었거든요. 근데 어제 갔더니 나왔더라고요, 어제 갔더니. 그래서 오늘 우리 행사 일정에 보니까 국민건강관리공단에서 사과하러 오더라고요. 그것 때문에 오는 것 같아요. 오늘 일정이 아까 밴드에 떴더라고요. 근데 이제 3기 운영위원장하고 사무처장이랑 만나는데 사과하러 온다는 일정이 떴더라고요. 그래서 아마 그것 때문에 오는 거구나 하고 추측을 했죠.

면담자   참, 나라가 정보들을 참….

휘범 엄마   사실은 우리 애들이 사망신고가 안 되어 있잖아요. 그런데 특수 관리를 한다고는 하는데… 걔네들을 특별한 케이스로 하고 있기는 하지만 이게 또 자꾸 나오니까, 어제 보니까 나왔더라고요.

7
4·16생명안전공원에 대한 걱정과 진상 규명에 대한 생각

면담자   그러면 다음 질문인데요, 현재 가장 걱정되거나 고민하는 점이 있다면 무엇인가요?

휘범 엄마   저는 사실은 고민 같은 거, 걱정거리가 없어요. 지금 현재는 그거 아니고, 우리 ○○이가 걱정스럽죠, 며칠 전에 잠을 못 잔다고 했기 때문에. 근데 그거 말고는 내가 이제 이 일로 걱정한다고 그러면 4·16[생명]안전공원이 가장 걱정되는 부분이에요. 같이 갔기 때문에 같이 모였으면 좋겠다 하는 것. 근데 부지 선정은 됐고, 하다 보면 반대하는 사람은 꼭 있잖아요? 그걸로 너무 시끄럽지 않게, 그리고 또 우리로 인해서 와전된 소문 때문에 또 누가 상처를 안 받았으면 좋겠어요. 우리는 그게 아닌데 또 이상한 말이 나올 수 있으니까, 그래서 안전공원이 지금 깔끔하게 빨리, 기분 좋게 됐으면 좋겠어요.

면담자　　　그런 말들, 가장 상처를 많이 받으셨던 거군요.

휘범 엄마　　네. 같은 안산 시민이잖아요. 저도 안산 시민이고, 그 주위에 사는 사람도 안산 시민인데 다 좋았으면 좋겠어요. 어떻게 일을 할 때 다 좋을 수는 없다고는 하지만 너도 좋고 나도 좋고, 그리고 너도 피해 안 보고 나도 피해 안 보고 이랬으면 좋겠어요. 나로 인해서 거기 주위 사람들이 피해를 보는 것도 원치 않고요. 물론 피해는 안 주게 할 건데, 사람들이 소문 때문에 와전되어서 주위 사람들이 자기들이 피해를 볼 거라 생각을 하잖아요. 그런데 너도 잘 살고 나도 잘 살고 그랬으면 좋겠어요.

면담자　　　○○이는 지금 뭔가 건강 관련해서는 다 괜찮은 것 같다고 하셨는데, 물론 잠을 못 자는 것 같아서 걱정이지만 혹시 지금 ○○이한테 바라는 점이 있다면 무엇이세요?

휘범 엄마　　우리 ○○이한테 바라는 것은 저는 그냥 대학을 안 가도 되거든요, 진짜로. 이거는 안 가도 되지만 자기가 해보고 싶다고 했으니까, 그리고 이제껏 공부했던 게, 작년에 했던 게 아깝기도 하니까… 열심히 했거든요. 그리고 조금 못 하지는 않았기 때문에 아까워요. 그래서 뭐가 됐든 간에 1년을 자기가 하고 싶다고 했기 때문에 최선을 다했으면 좋겠어요. 결과를 바라고 하는 거겠지만, 결과에 연연 안 하고. '와, 나 1년……'. 서울에서 어제 오다 그러더고요. 서울 애들은 "나는 4년제 고등학교 다니잖아" 이런 게 그게 말이, 그냥 그런 말이 있대요. 공부 잘하는 학교 애들은 수시로 걔네들은 못 가니까 정시로 갈 거니까 "우리는 4년제 고등학교 다니잖아". 그 학교는 열에 아홉은 1년 재수를 한대요. 어제도 자기 친한 애가, 용인외고 다니는 애들은 그 학교에서 서울대만도 일 년에 40명 정도를 간대요, 서울대만. 그런데 그 애들이 하는 이야기는 "고등학교가 4년제지" 당연시리 이렇게 이야기를 한대요, 1년 재수할 폭 잡고.

근데 자기 1년 재수하는 거에 자기가 선택을 했으니까, 그냥 후회 않고 당연하게 일 년 그냥 꿋꿋하게 했으면 좋겠어요, 그거에도 적응해 가면서. 엄마, 아빠 희망[때문]에 공부하는 게 아니라, 자기의 미래를 위해서 했으면 좋겠어요. "대학교 가도 내 아들이고 대학교 안 가도 내 아들인데 거기에 너무 부담 안 가졌으면 좋겠다"고 어제 그 이야기를 했거든요.

면담자　　　○○이 이야기는 앞에서 많이 해주셨는데, 부모로서 관계는 어떠세요?

휘범 엄마　　저는 좋다고 생각해요. 저는 좋다고 생각하고, 아빠도 좋다고 생각할 것이고, 근데 ○○이는 모르죠. 아마 엄마는 믿고 싶은 거겠지만 저희는 원활하다고 생각해요, 좋다고 생각해요.

면담자　　　다음 질문입니다. 앞으로 삶에서 한 가지 추구하고자 하는 목표가 있다면 무엇인가요?

휘범 엄마   어우, 어렵다. 삶에서 추구(침묵) 너무 어려운데요?

면담자   너무 거창한 질문이죠?

휘범 엄마   네, 그냥(침묵). '맛있게' 살고 싶어요. 그런 거 있잖아
요…. 다른 사람들 아픔도 내 아픔처럼 내가 좀… 그냥 포괄적으로
그런 건 잘 모르겠고, 저는 지금 현재 휘범이가 없다는 거, 휘범이
가, 그것 때문에 큰 아픔이 있다는 거 그것 때문에 상처가 있지만,
저는 제 삶에 그렇게 후회를 하거나 뭐 불행하거나 그러지는 않거
든요. 저는 지금 현재 삶에 만족을 해요. 물론 뭐, 뭐가 더 있으면
행복하고 뭐… 그런 것 물론 좋겠지만 저는 이 삶에 그냥 만족하거
든요.

　이대로 쭉 평안했으면 좋겠어요. 아빠도 이대로 건강했으면 좋
겠고, ○○이도 물론 지금 현재 힘든 시기지만 이거는 다음에, 회
사에, 만약에 학교에 가면 졸업하면 또 취직할 때도 또 이런 문제
가 있는 거잖아요. 이거는 어느 누구나, 나도 누구나 반복할 수 있
는 일상이니까, 그냥 저는 더 바라는 것도 없고요, 그냥 이대로 꾸
준히 이렇게 행복했으면 좋겠고, 단지 이제 한쪽의 응어리는 있잖
아요. 항시 그 애를 기분 좋게 그리워하고 그리고 다음에 만났을
때 기분 좋게 안을 수 있으면 좋겠다는 생각 그것밖에 없어요.

면담자   그러면, 진상 규명이라는 이야기들을 계속해 오셨잖
아요. 진상 규명은 어머님께 어떤 의미이고 그것에 대한 전망은 어
떠하신지요?

휘범 엄마   진상 규명은 내가 휘범이를 볼 수 있는, 보냐 안 보냐의, 떳떳하게 볼 수 있냐 떳떳하게 보지 못하냐, 고개를 들 수 있냐 없냐의 그런 문제인 것 같아요. 꼭 진상 규명은 돼야 되기 때문에. 아직까지 조금조금씩 뭐 나오는 건 있지만 확실하게 나온 건 없기 때문에 시간이 가면 갈수록, 5·18도 지금 시간이 거의 40년이 됐는데도 여전히 하고 있잖아요. 우리도 그렇게 해서 하나하나 파헤쳐서 내가 40년을 살지 얼마를 살지는 모르지만 휘범이를 위해서, 또 휘범이 친구들을 위해서 진상 규명은 꼭 돼야 되고요. 그리고 또 뭐라 그랬죠? (면담자 : 전망을 어떻게 갖고 계신지) 그리고 저는 밝다고 생각해요. 진상 규명이 꼭 될 거라고, 네, 모든 면에서 열심히 하시는 분들이 많이 있고 그렇기 때문에 꼭 진상 규명이 될 거라고 생각을 해요.

면담자   특조위 관련해서 2차 특조위도 되고 있잖아요. 혹시 뭐 관련해서 좀 가신다든가 그런 게 있나요?

휘범 엄마   그렇게 가보지는 많이는 못 했어요. 그런데 이제 여력이 되면 가보고는 싶은데 많이 못 가봤어요. 그게 조금, 제일 아쉬운 게 그런 거예요. 서울에서 있었던 거를 많이 참석 못 했던 거 그게 좀 아쉬워요, 많이.

8

삶 속에서 함께하는 휘범이

면담자　　　지금 4년 반이 지난 지금, 휘범이를 떠올리면 어떤 생각이 드시는지.

휘범 엄마　　　저는 좋은 것도 물론 있지만, 딱 떠오른 게 '배에서 이 애가 어떻게 했을까?' 그 생각이 제일 많이 나요. 그래서 제일 속상하거든요. 제가 목욕탕을 가보면, 목욕탕 탕에 들어가잖아요. 그러면 한가운데에서 물이 막 뽀글뽀글 올라오잖아요, [몸] 담그고 있는 데. 거기를 들어가면 꼭 거기서 휘범이 생각이 나요. 될 수 있으면 안 들어가려고 하는데, 내가 들어가는 물은 따뜻한 물이거든요. 근데 '과연 어땠을까, 얼마나 두려웠을까?' 하는 생각이 막 들어요. 그런데 '그런 생각을 하지 말고 좋은 생각만 해야지' 하면서도 마지막 동영상에 휘범이가 겁먹고 앉아 있는 것을 제가 봤기 때문에 그 생각이 자꾸 떠올라서 잊혀지지를 않아요.

　　그래서…(한숨) 너무 아프게 갔잖아요. 사람이 살다가, 한평생 살다가 갈 때 안 아프고 가는 사람이 그렇게 많진 않고, 기분 좋게 아름답게 가는 사람이 얼마 되진 않지만, 너무 어린 나이에 애들이 너무 아프게 갔기 때문에 그런 애들만 생각하면 가슴이 많이 아프죠. 근데 그 생각을 않고 애기 때 막 좋았던 생각만 하려고 하는데, 그 생각을 꼭 하다 보면 꼭 그 생각이 마지막엔 떠올라요. 마지막으로 발버둥 쳤을 거라는 생각이, 어떻게 상상을 하니까…. 그게 찬물에서, 그걸 상상을 하니까 그게 되게 마음이 아파요, 되게 마음이 아파서….

근데 이제 꿈속에서 휘범이가 많이 나왔거든요. 근데 되게 미신이지만 되게 깔끔하게, 깨끗하게 나왔고 웃으면서 나왔기 때문에, 휘범이는 좋은 데 있을 거라고, 다음에 엄마가 갈 때까지 좋게 나를 기다리고 있을 거라고 그렇게 그냥 좋게 좋게 생각해요. 좋게 생각해야 엄마가 편해야 엄마가 편하게끔 지내야, 휘범이가 쳐다보면서 편하게 잘 지낼 거라는 생각을 하고 있거든요. 그래서 좋게 지내려고 생각해요.

면담자   꿈을 자주 꾸시는군요.

휘범 엄마   요즘에는 조금 더디게 꿨는데, 꿈을[에] 좀 많이 나와서 자다 말고 메모도 해놓고 막 그랬었거든요. 애기 때, 초등학교 때 휘범이, 뭐 또 더 애기 때 휘범이 이런 게 많이 나오더라고요. 그래서 뭐, 한번은 애기 때 휘범이가 나와서 우유가 먹고 싶은지 막 젖병을 학교에 갖고 간다고 막 이렇게 해서, 우유 사가지고 휘범이한테 찾아가기도 하고 그랬어요. 근데 좋게 나왔어요, 웃으면서 나왔고. 그래서 '아, 좋은 데 갔구나' 그렇게 생각하고 있어요.

면담자   네, 그러면 휘범이는 지금 어머님께 어떤 의미인지 여쭤볼게요.

휘범 엄마   저는 휘범이하고 ○○이는… 원래 엄마가 애기 낳으면 그냥 삶의 전부였지요. 삶의 전부였는데 지금도 현재까지, 현재도 그렇고요. 그냥 옆에 있지 않지만, 하나는 옆에 있고 하나는 옆에 있지 않지만, 하나는 내 옆에 있고 하나는 위에서 날 쳐다본다고 생각하고, 없다고는 생각을 안 해요, 그냥. 없다고는 생각 않고, 떨어져 있지만 함께하고 있다고 생각하죠. 첫정이어 가지고… 첫정이니까 더 큰 것 같아요. ○○이는 물론 두 번째였기 때문에 더 앝고 그렇다는 것은 아니지만, 저한테는 1순위는 그래도 휘범이였었거든요. 그래서 첫애여서 더 많이 아픈 것 같아요, 첫애여서.

면담자   지금 4년 반, 5년 가까이 되고 있는데 그런 아픔이 좀 달라진 게 있는지, 아니면 그런 식으로 "오래되지 않았냐?"는 이런 질문이 오히려 또 아픔으로 오시는지, 어떠세요?

휘범 엄마   그냥 그런 사람들 말하는 거, 오래돼… 이제 뭐 "이제는 잊어야 되지 않냐? 그리고 너한테는……". 그때 얼마 전에 아는 언니 한번 만났는데 "너 지금도 휘범이 일에 연연하고 휘범이가 1순위야?" 이렇게 말을 하더라고요. 그런데 "아니, 휘범이만 1순위가 아니고 집안일을 돌보면서도 휘범이를 챙기고 있어. 그러니까 모든 게 다 1순위지". 이렇게 이야기를 했어요. 근데… 잊을 수는 없고요, 자식인데. 그리고 TV 같은 거 봐도 8, 90 먹은 노모가 자식은 70 먹어도 애기라고 하잖아요? 그런데 우리는 애기 때 애기를 보냈기 때문에, 애기 때 추억이 그대로 있기 때문에 잊을 수는 없고, 삶에 같이 가는 거죠. 동행으로 같이 가요, 걘. 휘범이가 없으니까 '휘범이는 어디 잘 보관해 두고 우리는 생활한다' 이런 느낌이 아니고 함께 가는 거죠, 함께. 함께 가는 거예요.

그냥 아직도 저는 휘범이 방에서 지금 자거든요. 저는 휘범이 방에서 휘범이의 뭐, 우리가 이런 일이 있으면서 뭐 팔찌부터 해서 뭐가 많이 생겼잖아요. 뺏지[배지]도 있고, 그게 휘범이 방 책꽂이에 다 꼽아져 있고 하나씩하나씩 다 진열이 되어 있는데 저는 그 방에서 혼자 자요, 휘범이 방에서 지금도 그 이후로 계속. 예전에는 휘범이랑 같이 잤고 지금은 이제 휘범이가 없지만, 휘범이 사진 옆에 두고 저 혼자 같이 자요, 혼자 자니까, 이제껏. 지금 5년 거의 돼가는데 뭐 특별나게 명절 때 내려가거나 병원에 가지 않는 이상은 한 번도 그 방에서 안 자본 적이 없어요. 휘범이 방에서 계속 자고 있어요, 저는 혼자 지금도. 안방은 아빠가 주무시고, ○○이는 ○○이 방에서 자고, 저는 휘범이 방에서 자고.

면담자   각자 한 방에, 네. 혹시 아버님이나 ○○이가 걱정해서 같이 자자고 한다든가 하지는 않나요?

휘범 엄마   그러진 않아요. 같이 자자고 해도 내가 안 잘 걸 알기 때문에, 그리고 그 방이 내 방이 되어버렸어요, 이제는. 그리고 아마 친척이 와서 그 방에서 자라고 하면 무서워서 못 잔다고 해도 우리는 서운해 하면 안 되잖아요. 그게 우리가 그때 영정 사진으로 썼던 학생증 사진도 거기 다 있고 하니까. 저야 내 자식이고 그러니까 거기 자는 게 아무렇지 않은데, 다른 사람이 와서 자라고 하면 그 사람 입장에서는 무섭다고 생각할 수도 있잖아요. 무섭다고 표현을 하면 안 되지만, 낯설겠죠? 그런데 저는 아무렇지 않고 거기가 제 방이 되었기 때문에 저는 거기에서 휘범이, 벽에 사진 같은 것 다 걸어놓고 그냥 거기서 같이 생활해요.

면담자   저희가 준비한 질문은 다 여쭤봤는데요. 혹시 추가적으로 또 하고 싶은 이야기가 있으면 덧붙여 주시겠어요?

휘범 엄마   아니요, 없어요. 생각이 안 나니까.

면담자   네. 그러면 세 번에 걸쳐서 쉽지 않은 이야기를 해주신 어머님께 정말 감사드립니다.

휘범 엄마   네, 감사합니다, 저도.

면담자   감사합니다. 수고 많으셨어요.

휘범 엄마 신점자

4·16구술증언록 단원고 2학년 4반 제17권

그날을 말하다 휘범 엄마 신점자

ⓒ 4·16기억저장소, 2019

기획 편집 4·16기억저장소 ┊ **지원 협조** (사)4·16세월호참사가족협의회
펴낸이 김종수 ┊ **펴낸곳** 한울엠플러스(주)
초판 1쇄 인쇄 2019년 4월 1일 ┊ **초판 1쇄 발행** 2019년 4월 16일
주소 10881 경기도 파주시 광인사길 153 한울시소빌딩 3층
전화 031-955-0655 ┊ **팩스** 031-955-0656 ┊ **홈페이지** www.hanulmplus.kr
등록번호 제406-2015-000143호

Printed in Korea.
ISBN 978-89-460-6740-0 04300
      978-89-460-6700-4 (세트)
* 책값은 겉표지에 표시되어 있습니다.